名师名校名校长

凝聚名师共识
回应名师关怀
打造名师品牌
培育名师群体

朱永远

本书为2020年度安徽省教育科学研究项目"思维可视化在高中英语阅读教学中的应用研究"（JK20021）研究成果

看见思维
读出智慧

思维可视化
在高中英语阅读教学中的应用

KANJIAN SIWEI DUCHU ZHIHUI

SIWEI KESHIHUA ZAI GAOZHONG

YINGYU YUEDU JIAOXUE ZHO DE YINGYONG

刘英祺 汪 夷◎著

东北师范大学出版社

长 春

图书在版编目（CIP）数据

看见思维　读出智慧：思维可视化在高中英语阅读
教学中的应用 / 刘英祺，汪夷著. — 长春：东北师范
大学出版社，2022.6
ISBN 978-7-5681-9140-1

Ⅰ.①看… Ⅱ.①刘… ②汪… Ⅲ.①英语—阅读教
学—教学研究—高中 Ⅳ.①G633.412

中国版本图书馆CIP数据核字（2022）第107282号

□责任编辑：石　斌　　　　　□封面设计：言之凿
□责任校对：刘彦妮　张小娅　□责任印制：许　冰

东北师范大学出版社出版发行
长春净月经济开发区金宝街 118 号（邮政编码：130117）
电话：0431-84568023
网址：http://www.nenup.com
北京言之凿文化发展有限公司设计部制版
北京政采印刷服务有限公司印装
北京市中关村科技园区通州园金桥科技产业基地环科中路 17 号（邮编：101102）
2022年6月第1版　2022年9月第1次印刷
幅面尺寸：170mm×240mm　印张：15　字数：229千

定价：58.00元

序言
PREFACE

　　《普通高中英语课程标准（2017年版2020年修订）》中明确提出普通高中英语课程目标是在义务教育的基础上，进一步促进学生英语学科核心素养的发展。其最为显著的特征就是将思维品质作为一个显性目标加以规定，并且强调了思维的逻辑性、批判性和创造性。此外，《关于新时代推进普通高中育人方式改革的指导意见》的颁布也进一步明确了思维品质的重要性。现阶段，高中英语主要以多模态语篇文本的形式呈现讲授内容，学生则通过以语篇为载体的高中英语学习（主要是阅读语篇文本的学习）积累语言知识，提升语用能力，发展思维品质。

　　本书以刘濯源提出的"思维可视化"理论为基础，探索如何在高中英语阅读教学中让思维品质培养过程变得可观可测。全书详细地阐述了思维可视化在高中英语阅读教学中的应用背景、应用意义、应用现状和实践途径，同时收录了思维可视化运用于高中英语阅读教学的具体实践案例。全书共分四章：第一章，引经据典，详细地介绍了思维的概念、思维可视化的定义以及思维可视化的发展历史；第二章，阐述高中英语阅读教学现状的同时，结合《普通高中英语课程标准（2017年版2020年修订）》的相关要求，提出借助思维可视化促进学生在高中英语阅读学习中思维能力发展的可行性分析，并就思维可视化分别在高中英语阅读教学和高中英语阅读学习中的应用现状的调查数据进行了分析；第三章，简单介绍了思维可视化工具的类型及其绘制方法和注意事项，另外，介绍了如何在不同的阅读文本体裁类型中使用思维可视化工具；第四章，以北京师范大学出版社2019年版高中英语教材必修一到必修三中的阅读语篇为例，列举了含课例分析、导学案设计和教学设计等的具体的教学实践案例，旨在帮助教师进一步理解如何在高中英语阅读教学中通过思维可视化的运用，将学生在语言和思维相互作用的语篇阅读中的抽象思维过程和思维规律等显性化，切实提高学生的阅读能力，尤其是在语篇阅读过程中梳理、概括、分析和推断信息的能力，逐步培养和提高学生在具体语言环境下思维的逻辑性、批判性和创新性，进一步培养和发展学生的思维品质。

在两年的项目研究实施过程中，我们非常荣幸地得到了来自安庆市教育教学研究室陈俊主任、江龙林主任等多名专家的悉心指导和帮助。他们为项目组研究的顺利推进提供了理论指导。我们还有幸得到了项目组全体成员，即安庆太湖中学朋水霞、安庆一中张玲、安庆一中顾唯、安庆七中范李娜、安庆七中宣青和安庆田家炳中学徐玲娜及其所在单位领导的支持，没有他们，我们就不可能如期顺利完成研究任务。当然，还有很多领导、专家及默默关心支持项目组的各位同人和朋友们的支持，在此一并表示衷心的感谢！另外，本书还参考和吸收了许多专家前辈的研究成果，凡是引用的均已在参考文献中进行了罗列，感谢这些专家前辈的分享。同时，特别感谢三名书系及东北师范大学出版社的编辑们对我们整个撰写过程的指导和帮助。

由于项目组的研究时间有限，内容提炼得较为仓促，加之作者学识尚浅，书中难免有不妥之处，恳请广大读者指正。

刘英祺　汪夷

目录
CONTENTS

上 篇 理论篇

下 篇 实践篇

上 篇

理论篇

第一章 绪 论

思维是人类特有的一种高级心理活动。人是思维的施动者，而客观世界中的一切，包括人类自身均可以成为思维的受动对象。人类对感知的客观存在通过信息提取、筛选比对、分类整合等一系列复杂而抽象的大脑活动进行思维，并借助语言或其他途径来表述或记载。思维能够促进人类不断翻新对已知客观存在的了解，是人类认识和改造客观世界的有力工具，更是推动人类社会不断进步、促进文明持续发展的有力保障。

思维可视化是对思维的一种具象表现形式。我们可以借助一些图示技术或图示工具，让那些发生在人类大脑中抽象且复杂的思维活动以直观可见的形式展示出来，进而成为可观、可测、可读、可研的对象。借助思维可视化，我们能够让复杂的思维过程简单化，让抽象的思维内容形象化，全面促进人类思维品质的提升。

第一节 思维可视化概述

一、思维的含义

"思维"是发生在人类大脑中一种有意识的思想活动。它建立在感知的基础上，借助人类大脑中储备的丰富知识和经验，通过对其进行抽取加工、分析比较、综合概括等一系列纷繁交错的活动，不断探索与发现客观现实的规律、特征和内部的本质关联等属性，即将感知到的客观材料转化为理性认知，以最终解决问题。《词源》中对"思维"的解释为"思索，思考"。刘颖、苏巧玲在《医学心理学》中将通常意义上的"思维"概括为涉及所有认知的智力活动，它借助语言、表象或动作实现，以感知为基础又超越感知的界限，是人类认知过程的高级阶段。

心理学认为思维是建立在过去的知识和经验基础之上的、对客观事实的反映，所以思维具有间接性。例如，在掌握英语单词构词法原则之后，学生可以根据构词法原则，通过添加合适的词缀完成对陌生单词的词性转换。正是得益于思维的间接性，我们才能够利用知识和经验储备不断拓展甚至超越自己的认知领域，找出规律并揭示本质，探索一个又一个未知，促进人类文明不断进步。思维还需要以大量感性材料为基础，通过对某一类客观现实的共同特征和内在本质关联进行识别、认知，将具有共同特征的某一类客观现实进行分类总结，即思维的概括性。例如，英语语法知识中的宾语从句是具有相同特性成分的从句，放置在及物动词、介词以及复合谓语之后，它是对从句形式的概括性描述，而不局限于指某一个具体的从句结构。因此，思维的概括性不断拓展人类学习、生产等活动的广度和深度，使人的知识储备更加系统化，促进了人类思考能力和改变世界的创造力的发展。

关于思维的种类，研究人员依据不同的标准对其进行了划分。《中学教育心理学》指出：根据思维的凭借物不同，可将思维分为动作思维、形象思维和抽象思维；根据探索问题答案的方向不同，可将思维分为集中思维和发散思维；根据思维的创新程度不同，可将思维分为习惯性思维和创造性思维。此外，还可根据解决问题时是否有明确的步骤，把思维分为直觉思维和分析思维，以及根据解决问题时是以经验还是以理论为指导，把思维分为经验思维和理论思维；等等。

对思维的研究和应用更多体现在教育领域。例如，1980年由美国著名哲学家、时任哥伦比亚大学教授的马修·李普曼（Matthew Lipman）博士提出的"儿童哲学"（Philosophy for Children）思维教学理念，2003年英国著名心理学家托尼·布赞（Tony Buzan）提出的"发散式思维导图"等，均从不同角度针对"思维"在教育教学过程中的运用进行了阐述。

二、思维可视化的概念

"可视化"是现代计算机技术不断发展的产物。它主要借助计算机先进的数据处理技术、精确的计算体系以及快速的信息吞吐能力，对所收集和存储的大量抽象数据进行分析、综合、对比、计算，利用计算机独立的图像处理技术和计算方法，将分析后的抽象数据通过具体的几何图形或图像呈现出来，让研究人员能够更加直观地观测、分析和研究数据之间的关联属性。

可视化技术将抽象难懂的数据符号转变为形象生动的被观测图示，为研究人员节约了大量的分析、比对等一系列烦琐的数据处理的时间，大大提高了研究效率。同时，可视化将存在于无形的数据之间的各种内在关联用有形的几何图形、图像等形式展示出来，使研究内容形象化、具体化、生动化，让研究人员可以直接通过对所呈现出来的有形图示内容的观测分析，提升研究的可信度，不断拓展研究的广度和深度，提高研究价值。

可视化技术，作为能够解释大量抽象数据的有效手段之一，在工作、学习和生活中逐渐得到各行各业人群的广泛关注和运用。可视化理论和技术出现之后，其在应用领域的研究也得到了不同程度的发展，先后经历了数据可视化、科学可视化和信息可视化阶段。思维可视化则是基于前期各领域研究所取得的丰富经验，逐渐发展起来的将可视化理论和可视化技术以及人类独有的高级心理认知活动形式——"思维"相结合的一种应用探究模式，旨在充分运用可视化的理论和技术将人类无法直接感知和观测的思维方式、途径等清晰完整地展现出来。全国教育信息技术研究"十二五"规划重点课题《思维可视化技术与学科整合的理论和实践研究》课题组副组长刘濯源认为，思维可视化（Thinking Visualization）是指以图示或图示组合的方式，把原本不可见的思维结构、思考路径、方法和策略等呈现出来，使其清晰可见的过程，即利用图示形象地表达出人类大脑中的知识储备、概念命题以及思想等内容，将隐性的知识显性化、可视化，以便于人们的思考、理解、表达和交流。通俗地讲，思维可视化就是把大脑中的思维"画"出来的过程。思维可视化的优势在于它可以运用可视化理论，并借助相应的可视化技术将存在于人类大脑中盘根错节的、抽象的复杂思维认知活动用结构清晰可辨的简单图示或图示组合的方式全面立体地进行描述。这种肉眼可见的存在模式能更加清晰直观地展示思维的整个过程，让思维在深度、广度和高度等各个维度上得到不同程度的培养和发展。

参考文献

［1］张厚粲.心理学［M］.天津：南开大学出版社，2002.

［2］刘濯源.思维可视化与教育教学的有效整合［J］.中国信息技术教育，2015（21）：4–7.

第二节　思维可视化的发展历程

"思维可视化"（Thinking Visualization）这一概念最初由美国教育家帕克·帕尔默（Parker J. Palmer）在2005年提出，是一种记录思维的过程。2011年，哈佛大学学者Ritchhart等人在哈佛大学的"零点计划"中尝试将这一概念运用到教学中，通过系列途径将隐性思维显性化，并对思维进行关注、命名和运用。

思维与可视化理论的有效结合让存储在人类大脑中错综复杂的抽象知识架构能够通过可视化技术和可视化工具得到简单明了的直观描述，让"看不见、测不到"的思维体系清晰地呈现出来。基于此，国内外众多学者就思维与可视化的有效融合进行了不断的探索和研究。

一、国外研究代表人物

1. 石川馨（Ishikawa Kaoru）

鱼骨图质量圈创始人、现代管理学先驱石川馨是20世纪60年代初期日本"质量圈"运动最著名的倡导者，是日本式质量管理的集大成者，以促进将帕累托图表和因果（石川或鱼骨）图用于质量改进而著称。石川馨认为因果图和其他工具一样都是帮助人们或质量管理小组进行质量改进的工具。

因果图创设初衷是希望能够对质量实施有效监测，重点以鱼骨图的形式记录和展示质量管理控制过程中的各种数据变化。作为系统性的统计和展示手段之一，因果图对于检测者查找、挑选和记录生产过程中质量的变化原因起到了不可替代的作用。同时，它可以更加条理化地呈现这些变化原因之间的相互关系。

2. 托尼·布赞（Tony Buzan）

托尼·布赞是英国著名的心理学家、教育学家，因帮助查尔斯王子提高记忆力而被誉为英国的"记忆力之父"。他于20世纪60年代提出了至今仍被广泛使用的思维工具——思维导图（Mind Map）。

托尼·布赞提出的"思维导图"已经不仅仅局限于鱼骨图的表现形式，而是在人类大脑潜能与学习法研究领域中，借助图形或图形组合等直观表达模式，对人类大脑中的抽象思维活动进行有效处理，并成为高效笔记的一种形式。思维导图有别于传统的学习记忆方法，以其"一图胜千言"的优势和简单、可操作的特点，充分挖掘大脑潜在的力量，正普遍运用于人们学习、工作和生活中的各个不同领域。

3. 约瑟夫·D. 诺瓦克（Joseph D. Novak）

国际著名的教育心理学专家、概念图的创始人约瑟夫·D. 诺瓦克认为，托尼·布赞提出的思维导图虽然允许任何概念或事物之间的相互串联，但因为没有使用合适的描述性词汇对它们之间的这种串联关系进行详细说明，所以不能清晰且有层次地表现出概念与命题之间的关系。因此，他认为思维导图无法提供解决精确问题、总结专门知识、作为教学设计的基础以及其他大量活动所需的精确信息。

于是，约瑟夫·D. 诺瓦克于20世纪70年代初在康奈尔大学（Cornell University）提出了"概念图"这一技术，并将其运用到科学教学中，以更直观的方式增进学生对其所传授的知识的理解。他认为概念图，又称概念构图或概念地图（Concept Mapping & Concept Map），是某个主题的概念及其关系的图形化表示，是用来组织和表示知识的工具。它通常将某一主题的有关概念或命题置于圆圈或方框中，然后利用箭头等连线的形式将相关概念和命题连接起来，并在连线上标明两个概念或命题之间的意义属性等关联，形成有意义关系的网络结构图。

托尼·布赞的"思维导图"和约瑟夫·D. 诺瓦克的"概念图"，作为思维可视化两种常用的代表性工具，其最初的设计意图都是有效提升学生梳理复杂抽象知识的能力，增强学生对复杂知识的记忆能力和认知能力，从而有效地帮助学生快速提高学习效率以及接收并理解知识的能力。伴随着研究人员对思维可视化在大、中、小学以及职业教育等各级各类教育领域中的探究的推进和深入，其应用范围和应用效果得到了不断的拓展和提升，也受到了越来越多教育人士的关注。

二、国内研究发展过程

伴随着新课程改革在全国各省、自治区、直辖市的落实，新教材的推广使用以及新高考政策的实施，教育界的专家学者们也基本意识到为培养出符合国家建设需要的各类人才，需要分级、分类地提高教育质量，而提高的关键在于充分将学生的思维过程、思维方法和思维工具融为一体，即思维可视化。相对于国外对思维可视化的研究，国内在这方面的研究亦显百花齐放之势，主要表现在既有理论的不断创新，也有应用领域的不断探索实践，更有理论提出与实践运用相结合的交叉研究。以中国知网（CNKI）为主要工具，输入关键词"思维可视化""知识可视化""思维导图""概念图""思维地图"等，搜索到的论文比对结果显示，2003—2013年是我国思维可视化研究探索时期，研究活跃程度上升和下降幅度巨大；2014年的论文数量占总数的18%；2016—2019年呈现良好的平缓上升态势；2003—2019年思维可视化研究论文数量从最初低于5篇到最高超过9篇，从曲折上升到良好发展的平缓趋势反映了我国思维可视化研究进入一个新阶段。2009—2019年思维可视化研究学术关注度持续上升。由此可见，思维可视化的学术研究在我国受到越来越多专家和学者的青睐，研究热度持续攀升。

2004年，北京师范大学教育技术学院博士、硕士生导师赵国庆从各个层面、不同深度就思维可视化的两种常用工具——"思维导图"和"概念图"做了充分的对比，并进行了深度的剖析；2012年，赵国庆与赵姝等一批学者通过研究总结，发现将"隐性思维显性化"置于思维训练第一阶段，将思维训练作为有效的学习催化剂，与当下思维可视化工具广泛应用在教学领域的现状相吻合。2013年，赵国庆全面分析和比较了经典思维教学程序，指出思维教学成功与否取决于思维技能运用的可视化程度。2018年，赵国庆与熊雅雯、王晓玲从理论上建构了思维发展型课堂概念，探讨构建思维发展型课堂的核心要素。

以赵国庆为代表的一批研究学者将思维作为研究的核心内容之一，持续地探索、分析、总结，不断摸索思维的训练以及培养，并在教育领域中进行实践运用，为思维可视化在包括大、中、小学各学段以及各类职业教育等的教育领域中的进一步研究奠定了理论基础。

华东师范大学现代教育技术研究所特聘研究员、思维可视化教学实验中心主任刘濯源于2011年10月主持的全国教育信息技术研究"十二五"规划重点课题"思维可视化技术与学科整合的理论和实践研究"立项通过，标志着思维可视化在我国大、中、小学各学段以及各类职业教育等教育领域教学实践中的深度系列研究工作正式拉开了序幕。在接下来的三年时间内，北京、上海、天津、重庆、江苏、浙江、辽宁等20多个省（市）的近300所学校参与了课题的教学实践研究，取得了丰硕的成果。

参考文献

［1］希建华，赵国庆，约瑟夫·D.诺瓦克."概念图"解读：背景、理论、实践及发展：访教育心理学国际著名专家约瑟夫·D.诺瓦克教授［J］.开放教育研究，2006，12（1）：4-8.

［2］左博文，周利君.我国思维可视化研究回顾与展望：基于中国知网2014—2019年论文分析［J］.中国教育信息化（高教职教），2020（13）：14-20.

［3］刘濯源.思维可视化：减负增效的新支点［J］.中小学管理，2014（6）：10-13.

［4］阿恩海姆.视觉思维：审美直觉心理学［M］.滕守尧，译.成都：四川人民出版社，1998.

第二章　思维可视化在高中英语阅读教学中的应用探索

　　高中英语阅读作为新时代五大基本英语语言技能，即"听、说、读、看、写"中必不可少的组成部分之一，通过不同类型语篇所承载的语言基础知识和文化、价值观等，不仅让学生欣赏到语言及语篇的意义和美感、丰富生活经历、体验不同情感，而且向学生传递文化内涵、价值取向和思维方式。

　　思维比知识更重要，没有思维的知识犹如一潭死水，没有思维的阅读有形无魂。高中英语阅读教学中的思维可视化将学生的阅读方法、阅读习惯和阅读理解等思维活动通过可视化的形式展示出来，让学生在阅读过程中的思维看得见、看得清，让英语知识流成一湾活水，让英语阅读形神兼备。

第一节　高中英语阅读教学概述

《普通高中英语课程标准（2017年版2020年修订）》（以下简称《新课标》）对高中英语教育课程体系做了明确阐述，突出了英语学科核心素养在普通高中英语课程体系中的核心地位。"语言技能"作为高中英语课程内容包含的六要素之一，是发展学生英语学科核心素养的基础。传统意义上的"语言技能"包括"听"和"读"的理解性技能以及"说"和"写"的表达性技能。但是，随着时代发展，除了"听、说、读、写"中传统的文字等知识载体以外，大量的数字媒体信息也纷至沓来。鉴于此，英语学科核心素养增加了"看"这一理解性语言技能。发展学生英语语言技能，就是使学生能够通过听、说、读、看、写等活动，理解口头和书面语篇所传递的信息、观点、情感和态度等。语篇是发展学生这些语言技能的载体。内容丰富、情境真实和类型不同的语篇，为学生形成学习策略、促进思维发展提供语言和文化素材，为学生体验文化差异、形成正确的价值观搭建平台。

《新课标》中强调了高中英语阅读教学是学生发展"听、说、读、看、写"新时代五大语言技能、培养语言能力、增强文化意识、塑造思维品质和提升学习能力的主要途径之一，是普通高中英语常规课堂教学的重要环节，也是培养学生英语学科核心素养的主阵地。高中英语阅读教学要求教师提前充分研读和分析语篇特点，在实施课堂教学时，对基于主题语境的不同类型英语阅读语篇进行深度解读的同时，带领学生学习阅读语篇涵盖的英语语言知识、分析阅读语篇的具体内容、探讨阅读语篇的陈述思路，帮助学生掌握不同阅读语篇的结构特点、文本特征和表达方式，从而加深对高中英语阅读语篇主题意义的理解，最终达到通过阅读发展阅读能力，通过阅读学习语言人文和科学知识，通过阅读拓展思维，提高审美、鉴赏和评价能力的目的。

参考文献

中华人民共和国教育部.普通高中英语课程标准（2017年版2020年修订）［M］.北京：人民教育出版社，2020.

第二节 思维可视化在高中英语阅读教学中的应用意义

自2003年以来，思维可视化在我国教育领域的理论研究和应用研究快速发展。纵观这些研究可以发现，在教育领域，尤其是中学阶段，其主要涉及思维可视化与教育教学的融合较多地倾向于诸如数学、物理等理工科范畴的运用研究；在文科方面即便有所研究，也只倾向于提升学生对复杂抽象知识的识记能力，如思维可视化在低年级英语"说"与"写"方面的应用研究等。人们从不同学科，多角度地进行了不同层面的思维可视化研究，但却缺少对深层思维能力的挖掘。思维可视化在高中英语阅读教学中的应用研究，应立足现实需要，探索高中学段学生在英语学科阅读学习中的思维可视化方法，进一步丰富思维可视化在我国教育领域的运用研究，促进思维可视化研究过程中思维可视化理论与实践的深层次结合，最终形成教师和学生共同组成的思维可视化教学统一体。

一、应用背景分析

1. 提高育人质量的新高考引发的反思

普通高中教育是我国国民教育体系中不可缺少的组成部分，在为整个社会培养人才的过程中起到了承上启下的关键性作用。提高普通高中教育质量能够进一步巩固义务教育普及成果，对提高我国国民整体综合素质具有无法替代的重要意义。步入21世纪后，我国普通高中教育迅速发展，普及水平显著提高，普通高中教育的整体办学水平得到了逐步提升。

2019年6月，《关于新时代推进普通高中育人方式改革的指导意见》和《关于深化教育教学改革全面提高义务教育质量的意见》先后出台。这两份纲领性指导意见的颁布标志着我国教育改革已经进入了一个以内涵发展、全面提高育人质量为重点的全新发展阶段。

全国各地依据以上两份指导意见的精神，逐步落实高考综合性改革，陆续推出的新高考政策突出强调学生综合素质的培养和评价，尤其是学生科学思考能力、批判性和创造性等思维品质的培养与评价，进一步明确了高中学生思维品质培养的重要性。英语学科也从单纯的语言工具功能型学科转变为培养学生用英语讲好中国故事的能力的应用型学科。面对以语篇输入模式进行的高中英语阅读学习，如何鼓励学生条理清晰地对语篇材料进行有效分析，引导学生通过语言和思维相互作用的语篇阅读，提高其在具体语言环境下思维的逻辑性、批判性和创新性，已然引发了高中英语教师的思考。

2. 新课程标准提出的要求

课程是教育思想、教育目标、教育内容和教育活动的主要载体，集中体现国家意志和社会主义核心价值观，是学校各类教育教学活动的基本依据。2003年教育部印发的普通高中课程方案和课程标准实验稿，在促进我国教育质量提高方面做出了积极的贡献。但随着经济、科技的迅速发展和社会生活的深刻变化，面对新时代提高全体国民素质和人才培养质量的新要求，普通高中课程方案和课程标准实验稿有待完善和改进。因此，在历时近七年的修订之后，《新课标》得以颁布。

《新课标》贯彻了习近平总书记在全国教育大会上的讲话的精神，将立德树人融入思想道德教育、文化知识教育、社会实践教育各环节，围绕立德树人设计教学体系、教材体系、管理体系等。根据新时代育人质量要求，《新课标》凝练了学科核心素养，优化了课程结构，更新了教学内容，进一步明确提出普通高中英语课程目标是在义务教育的基础上，进一步促进学生英语学科核心素养的发展，培养具有中国情怀、国际视野和跨文化沟通能力的社会主义建设者和接班人。《新课标》显著的特征之一就是将学生思维品质的培养和评价作为一个显性目标加以规定，并且强调了思维的逻辑性、批判性和创造性。这极大地丰富了英语教育的目标体系，彰显了英语课程的人文特性和促进社会发展的价值。

3. 思维能力培养的推动

在人类社会文明发展的过程中，无论是人类的生产、学习活动，还是人类进行的一切发明创造活动，都离不开思维，思维就是推动人类社会文明进步的无形动力。正如恩格斯所言："一个民族想要站在科学的最高峰，就一刻也不能没有理论思维。"

人类通过不断学习获取知识，提高对客观世界的认知，丰富大脑中的知识储备。但是"知识"，只有当它靠积极的思维得来，而不是凭记忆得来的时候，才是真正的知识，人类才能真正运用这些通过自身不断学习和思维而获得的知识对物质世界加以改造。因此，思维能力是学习能力的核心。思维能力作为学科核心素养的主要内容之一，有助于提升学生分析和解决问题的能力，使他们能够从跨文化的视角观察和认识世界，对事物做出正确的价值判断。这是育人质量高低的一个非常重要的衡量标准。在当前的高中英语教学中，尤其是在占据高中英语教学内容相当大比例的、以语篇为载体的高中英语阅读教学过程中，进行思维能力的培养是改革育人方式、提升育人质量的关键所在，更是培养学生的正确价值观念、必备品格和关键能力，发展学生核心素养，贯彻和落实全面素质教育的重要任务。德国剧作家、诗人、思想家歌德说过："所谓真正的智慧，都是曾经被人思考过千百次；但要想使它们真正成为我们自己的，一定要经过我们自己再三思维，直至它们在我们的个人经验中生根为止。"

4. 思维教育的兴起

思维教育是提高教育质量的途径，是帮助学生减负增效的有效手段，是帮助教师优化教学的高效策略，是教育教学活动环节的核心内容，也是教育教学活动的最终目的之一，更是为国家培养具有正确价值观和思维品质、符合社会主义现代化建设需求的新型创新型人才的有效途径。我国各级各类学校教育越来越重视思维教育与学科教育以及学校育人体系的融合的落实情况。

在实际应用研究方面，刘濯源在2013年提出心智系统教育理念，建构心智发展模型，2014年完善思维可视化小学教学应用体系；江苏省锡东高级中学在

2016年成立"云课堂"教室，将思维训练和"隐性思维显性化"融入课堂教学模式中，全力推动思维训练等课程体系建设；重庆第二师范学院外国语言文学学院自2012年起开设英语学习策略与思维训练课程，构建学习策略与思维训练相融合的特色课程群，通过多门基础语言类课程和专业方向类课程的协同，应用思维可视化工具辅助英语师范生显性化思维过程，促进其思维发展。

"授人以鱼，只供一餐；授人以渔，可享一生。"英语是一门语言运用型极强的功能性学科，当前的高中英语教育不仅仅需要教给学生一些必备的语言知识，更重要的是，要培养学生用英语进行思维的能力，学会用所学习的英语知识传播中国文化，讲好中国故事。所以，教师需要在英语教学过程中有意识地培养学生用英语进行辩证思维的方法，让学生能够独立运用英语思维消化所学的英语知识，并能够进行再加工，最终达到语言有效输出的目的。

二、应用价值分析

针对思维可视化的理论研究应以其应用研究为基础，并指导思维可视化在真实具体情境中的应用。将思维可视化纳入教育领域的实践研究范畴，即将思维可视化运用到教学过程中，可以实现零散知识系统化、隐性思维显性化、解题规律模式化。显然，思维可视化在高中英语阅读教学中的应用意义深远，带来的价值更是显而易见。

1. 发展学生英语思维，提高学生学习效率

《指导意见》在构建全面培养体系方面进一步强调了学生综合素质的培养，明确指出需要培养学生的创新思维和实践能力，提升学生的人文素养和科学素养。在高中英语阅读教学中应用思维可视化，其本质是促进学生在对阅读文本中的信息进行提炼、对比、分析、概括等思维活动外化的过程中发展英语思维。基于主题语境的高中英语阅读语篇不仅为学生提供了大量丰富的语言材料，也展示了不同类型语篇的文本结构特点和文化内涵等。学生阅读语篇文本的过程，一方面是对新的英语语言知识的识记、理解和消化的过程，另一方面是对文化进行探究和对语篇深层信息进行总结、归纳的过程。高中英语阅读教学中有效的思维可视化，可以帮助学生分析、记忆和理解抽象复杂文本中的英

语语言知识以及阅读语篇。但需要特别指出的是，有效的思维可视化并不是课堂教学过程中从头至尾简单的教师"一言堂"，也不是教师一手包办式的对阅读语篇中的语言知识、文本结构和文化内涵等阅读内容的可视化分析和设计后的呈现，而是根据建构主义理论引导学生深度学习并发展其深层次思维，鼓励学生主动参与、积极思考，同时让学生根据自己对阅读语篇的理解创造性地生成自己的图示内容，让本来抽象不可见的思维活动，如主题词汇的头脑风暴、文本信息之间的关联、语篇的整体叙述结构等，通过图示或图示组合等具有视觉冲击效果的形式显性化为学生和教师都可以进行感知、分析、总结等活动的被观测体。在此过程中，被显性化的思考路径和思考方法以及形象的展示效果更利于学生对抽象知识的记忆和文本结构的理解，能够激发学生学习英语的兴趣，发展学生的英语思维能力，提高学生学习英语的效率。

2. 培养学生学习能力，增强学生学习信心

学习能力是构成英语学科核心素养的发展条件，是指学生积极运用和主动调适英语学习策略、拓宽英语学习渠道、努力提升英语学习效率的意识和能力。学习能力的培养有助于学生做好英语学习的自我管理，养成良好的学习习惯，多渠道获取学习资源，自主、高效地开展学习。学习能力突出的学生能在高中英语阅读学习过程中有效运用并适时调整学习策略，对阅读语篇文本进行积极的分析和思考，在对阅读语篇文本中的英语语言知识进行接受、理解和消化的思维活动中收获愉快的心理体验，从而在整个学习活动中增强信心，锻炼自己的英语思维能力。

借助高中英语阅读学习过程中的思维可视化，学生在学习阅读语篇中的英语语言知识的同时，通过文化探究和对语篇深层信息的思维活动，或独立或在教师的指导下绘制出能反映阅读语篇文本内在逻辑关系等属性的图示或图示组合。通过外化的思维图示或图示组合，学生可以清晰地回顾、反思自己对知识的梳理过程，也能更准确地发现自己在梳理文本知识的思维活动过程中暴露出来的不足，并及时调整思维路径和思考方法。这样，在反复操练过程中，学生能形成良好的学习习惯，即可以运用思维可视化的方式解决学习英语阅读语篇过程中遇到的问题，使自己在学习能力得到锻炼和发展的同时，收获对阅读语篇文本进行深度分析的信心，从而增强学科学习的胜任感。学生在对被外化的思维活动进行观察、分析等二次加工的过程中，借助图示不断检视和反思自己的思维，通过文本信息提取、小组合作探究等活动，使思维能力等学习能力在一定程度上得到锻炼和展示。与此同时，学生实现了对阅读语篇的深度理解和语言知识的消化吸收，增强了学习的成就感。

3. 使文本逻辑显性化，优化课堂教学效率

普通高中英语课程作为一门学习及运用英语语言的课程，旨在为学生继续学习英语和终身发展打下良好基础。在这一理念指导下，高中英语阅读教学凭借其工具性和人文性融合统一的特点，强调鼓励学生在不同主题语境背景下感知不同语篇类型文本的具体内容，培养语言能力，增强文化意识，提升思维能力，完善学习策略。

高中英语阅读语篇文本以英语语言作为主要信息传递媒介，需要学生在学习过程中首先扫除阅读理解的障碍，然后在大脑中对语篇文本中的语言载体进行理解、转译、再加工等一系列思维活动，最终理解语篇文本内容及其逻辑关联等属性，掌握语言知识，形成正确的世界观、人生观和价值观。在高中英语阅读教学中应用思维可视化，借助可视化工具将不同类型语篇文本的内在逻辑关联通过图示或图示组合等形式展示出来，有利于学生进行观察、比较、抽象、概括、推理、分析、综合等一系列学习思考活动。显性化的文本逻辑关联属性具有直观、形象的特征。根据信息传播学及脑科学的研究，在各类信息中，图像信息的传递效率最高，大概是声音信息传递效率的2倍、纯文字信息传递效率的十倍。因此，在高中英语阅读教学中运用思维可视化后，被显性化的学生思考路径和思考方法等为教师提供了优化课堂教学的途径。教师依据显性化的文本逻辑关联属性组织课堂教学时，学生可以通过教师呈现的文本逻辑图示或图示组合来学习语篇内容，这远比教师单向输入型的灌输更具有吸引力。学生通过图示或图示组合等获取的有关语篇内容的信息远比通过教师单纯讲解式的传授获取的内容丰富且更容易对比、思考和理解。这样以教师讲解为辅助，学生观察、对比、理解和分析为主导的课堂让教师教得轻松，学生学得愉快，为打造高效课堂奠定了基础，更能让教师通过合理的教学设计充分提高课堂教学的效率。

4. 转变传统阅读教学，推动教师教研发展

传统高中英语阅读课堂教学一般是为了完成既定教学目标，通过对英语阅读语篇文本中出现的英语语言知识进行反复讲解，单向地进行语言知识灌输，通过让学生机械重复地完成大量的阅读习题来达到知识积累，而对学生阅读能力的培养、阅读思维的发展以及品格的形成关注过少。教育不仅是传播基本理论知识的教育，而且是有立场的价值观教育。教师的教与学生的学的内容不仅是纯粹的知识点，而且包括学习方法、思维方法和自主学习的能力，要让学生在认识自身、社会及周围环境的过程中形成独立的价值观。

在高中英语阅读教学中运用思维可视化，借助图示化的语言形式将阅读语篇文本的语言知识及其内在逻辑关联等属性清晰地表达出来，可以让语篇的写作思路得以发掘，从而为学生的英语阅读思维提供支点，将枯燥乏味的语言传授型课堂转变为灵动有朝气的探索型课堂。这也对教师提出了更高的要求：教师需要提前熟悉英语阅读语篇具体内容，从整体上把握阅读语篇文本的结构特点以及重难点内容。要善于运用以问题为导向的思维可视化模式，引导学生在学习知识的同时发展独立思考的能力，进行深度学习。教师必须有足够的教学能力，这样才能带领学生一起思考，让师生思维同频并共同完成高中英语阅读教学中的思维可视化过程。当然这也要求教师不断研究思维可视化途径、思维可视化工具等，进一步明确思维可视化在高中英语阅读教学中的应用。从某种意义上说，这一过程也是教师自我教研能力提升的过程。

参考文献

［1］中华人民共和国教育部.普通高中英语课程标准（2017年版2020年修订）［M］.北京：人民教育出版社，2020.

［2］赵国庆.经典思维教学程序的分类、比较与整合［J］.开放教育研究，2013（6）：62-72.

［3］赵国庆，熊雅雯，王晓玲.思维发展型课堂的概念、要素与设计［J］.中国电化教育，2018（7）：7-15.

［4］左博文，周利君. 我国思维可视化研究回顾与展望：基于中国知网
2014—2019年论文分析［J］. 中国教育信息化（高教职教），2020
（13）：14-20.

［5］刘濯源. 思维可视化：减负增效的新支点［J］. 中小学管理，2014
（6）：10-13.

［6］黄鑫，王海静. 运用思维可视化策略提升初中化学教学效能［J］. 中国
信息技术教育，2019（21）：14-16.

［7］邢文利，李梁. 思维可视化技术下的教学目标建构［J］. 教育科学，
2013（2）：30-33.

第三节　思维可视化在高中英语阅读学习中的应用现状调查研究

高中英语语篇阅读在整个高中阶段的英语教育体系中占有极其重要的地位。高中学生通过以英语语言为媒介的语篇文本材料的阅读，学习英语语言、人文、科学知识，发展阅读能力，拓展思维，提高审美、鉴赏和评价能力。然而，大多数高中学生在英语语篇阅读学习中，由于畏难情绪、篇幅长、生词多等阅读障碍以及不同学科带来的学业压力等多种因素的影响，往往在学习语篇文本材料的过程中只是使用机械单一的学习方法，了解文本材料中基本的英语语言词汇和语法，缺乏对语篇阅读文本的深度思考，远没有达到素质阅读的相关要求，思维品质得不到有效的培养。

鉴于此，教师需要立足《新课标》，把握普通高中英语教学改革总体方向，引导学生在英语阅读学习过程中大胆尝试使用思维可视化工具进行文章脉络梳理、文本结构分析等语篇深层理解性分析学习，有效利用思维可视化的途径养成良好的阅读习惯，增强基于主题语境的英语语篇阅读能力，提高语篇阅读学习的效率，提升语篇阅读学习的思维水平。

大部分高中生在英语阅读学习过程中仅仅停留在对语篇阅读文本的表层阅读上，即语言文字的转译、语言知识和语法的学习，忽视或不愿意挖掘阅读语篇文本的内在关联、结构特点、所承载的价值观等，没有对文本进行深度理解和学习，主要原因既有主观因素也有客观因素，如被动阅读学习、阅读语篇文本材料篇幅长、阅读语篇文本难度大、阅读语篇内容复杂等。这些因素又直接导致学生在高中英语阅读学习过程中整体思维模式受限，思维能力无法得到锻炼，思维水平得不到发展，无法达到高中英语学科核心素养的基本要求。

高中英语阅读学习中的思维可视化可以将阅读语篇内容结构化、具象化，通过思维可视化途径展示出来的英语阅读学习能够帮助学生理清自己的阅读思路和阅读方法，从而提高学生基于主题语境的语篇阅读理解能力，全面促进学生阅读学习效率的提高。为了更好地指导学生将思维可视化应用于高中英语阅读学习中，笔者以问卷调查的形式面向安徽省安庆地区不同类型学校的在校高中学生开展了"思维可视化在高中英语阅读学习中的应用现状"的调查研究。

一、思维可视化在高中英语阅读学习中的应用现状调查设计

1. 调查对象

笔者于2021年3月主要选定安徽省安庆地区不同类型学校高一和高二年级在校高中学生进行调查研究，所有参加调查研究的学生均知晓此次"思维可视化在高中英语阅读学习中的应用现状"问卷调查的具体内容，并表示会根据个人实际情况回答并填写调查问卷中的所有问题。

本次调查研究共收到807份有效问卷，有效率达100%。在收到的所有调查结果反馈问卷中，高二学生占比略高（61.46%），男女比例接近1∶1。由此可见，此次调查研究分析具有一定代表性，且会在一定程度上呈现出相对全面、客观的结果。

2. 调查方法

在本次调查研究中，笔者通过"问卷星"网站（www.wjx.cn）设计《思维可视化在高中英语阅读学习中的应用现状调查》问卷，并主要借助微信小程序等社交平台将调查问卷发放给安徽省安庆地区不同类型学校高一和高二年级的学生，并由该校负责教师对学生进行调查问卷填写指导，以确保填写内容完整。此次问卷调查采用匿名调查的方法。

3. 调查内容

笔者根据研究需要从学生个人基本情况、阅读课程学习现状、思维可视化认知现状和对思维可视化的态度四个维度设计问卷调查的相关内容。

"学生个人基本情况"分别设置年级（高一或高二）和性别（男或女）两

个问卷调查内容；"阅读课程学习现状""思维可视化认知现状"和"对思维可视化的态度"三个维度则根据调查需要设计相应调查内容，并将对应的问题答案设置为"A.完全不符合；B.基本不符合；C.不太符合；D.基本符合；E.完全符合"五个选项。参与调查的学生在认真阅读每题详细信息之后需要根据个人实际学习情况进行单项选择，漏答则视为问卷无效。

二、思维可视化在高中英语阅读学习中的应用现状调查结果与分析

学生在高中阶段主要以语篇文本输入的模式进行高中英语阅读学习，若能将思维可视化引入学生的高中英语阅读学习，学生则可以通过语言和思维的相互作用，提高自己在具体语言环境下思维的逻辑性、批判性和创新性，逐步达成思维品质培养的目标。但从调查结果的数据分析来看，学生目前的英语阅读学习存在高考应试、忽视能力素养训练的现象，学生的思辨能力也有待提高。

1. 学习方法机械单一

通过对问卷第3题（图1）、第7题（图2）和第9题（图3）的饼状图数据调查结果进行分析，发现大部分学生能在教师的教育教学过程中关注高考命题规律和方向，通过学习基本能掌握一些阅读方法和阅读策略（56.51%）并在阅读学习或阅读理解测试的过程中灵活运用。例如，对于"能找到文章的主题词和关键句"以及"能体会文章作者的情感态度"这两个调查内容选项，选择"基本符合"的比例都比较高，分别为59.11%和57.50%。不难看出，学生高中英语阅读学习的重点仍然是提升高考阅读理解题型的准确率，即学生经过课堂教学环境中教师的不断指导采取单一机械性的重复训练，通过程序化的学习掌握高考阅读理解题型的解答策略和方法，但忽视了思维能力的培养和思维水平的提高，从而导致高分低能，无法真正让学生从英语阅读学习中认知英语学习的重要意义和价值，也无法真正让学生做到以跨文化的视角观察和认识世界并体验英语学习的快乐，学生的多元思维、创新思维和批判性思维等思维品质得不到发展。

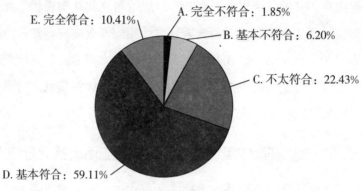

图1　能找到文章的主题词和关键句

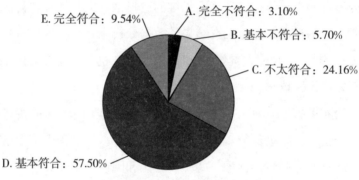

图2　能体会文章作者的情感态度

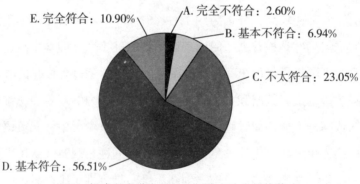

图3　阅读课上学会了一些阅读方法和阅读策略

2. 思维缺乏深度

调查结果（表1）显示，在进行阅读学习的过程中，学生的阅读行为仅仅停留在应试层面的表层阅读，即只关注有关高考阅读理解题型的几大命题思路，如细节理解题、推理判断题、观点态度题和主旨大意题等，缺乏对阅读文本材料的内在关联属性、结构特点等内容的深层思考。累计有36.55%的学生基本不知道阅读文章的文本结构（如记叙文中以"时间"为发展顺序的结构等）和文本特征（如记叙文中的倒叙等），累计有39.15%的学生无法理解文章作者的写作思路，共有39.97%的学生无法对阅读文章进行归纳和概括，更有合计达32.96%的学生无法在阅读课中感受到中外文化以及道德教育。通过对这些数据的对比分析可以看出，大部分学生在进行高中英语阅读学习时只是完成教师围绕高考命题特点分配的阅读学习任务，缺乏对阅读文本材料进行深度解读的主动性，没有从阅读文本材料的整体出发进行梳理和理解，从而导致对阅读文本材料作者写作思路的认识较为模糊，甚至无法归纳概括阅读文本。这样缺乏深度思维的高中英语阅读学习难以达成培养学生英语学科核心素养的目的。

表1　阅读学习中思维深度现状调查

问卷内容	完全不符合	基本不符合	不太符合	基本符合	完全符合
4. 能对阅读文章进行归纳和概括	2.97%	8.43%	28.57%	52.35%	7.68%
5. 能知道阅读文章的文本结构（如记叙文中以"时间"为发展顺序的结构等）和文本特征（如记叙文中的倒叙等）	3.22%	8.05%	25.28%	52.04%	11.41%
6. 能理解文章作者的写作思路	2.97%	7.93%	28.25%	52.91%	7.94%
10. 阅读课中感受到中外文化以及道德教育	4.46%	4.96%	23.54%	54.15%	12.89%

3. 思辨能力欠缺

问卷第8题和第11题（图4）旨在了解学生在英语阅读学习中思辨能力培养的具体情况。从调查结果柱状图的数据来看，只有53.32%的学生能对作者的写作意图发表观点，只有46.91%的学生能在阅读课中做到辩证、多角度地思考并发表个人观点。笔者分别随机询问高一和高二的部分学生得知，高一学生由于刚刚进入高中英语系统化学习模式，处于初高中英语学习适应过渡期，还没有完全掌握并适应高中英语课程学习的深度和难度。在表达个人观点，尤其是从辩证的角度去思考和发表观点方面，显得准备不足，害怕失误且相对于其他年级的学生而言，比较腼腆，羞于表达。通过对受访高二学生的了解，我们发现不同于高一学生，高二学生已经度过了高中英语学习的适应过渡期，逐渐适应高中英语学习的强度，但由于受到应试教育的影响更加关注做题的准确性和效率，很少考虑命题思路以外的因素。尤其是在自我思辨能力培养方面，由于升学压力等诸多客观因素的影响，高二学生很少有时间进行相关思考，这与调查显示的结果一致。

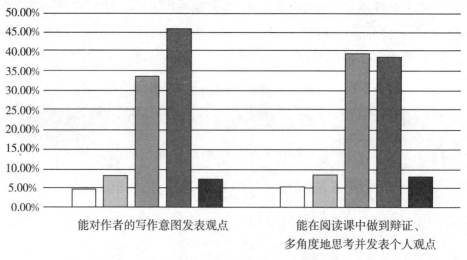

图4 阅读学习中思辨能力发展现状

三、思维可视化在高中英语阅读学习中的应用现状调查启示

1. 明确思维可视化概念，提升阅读学习效率

问卷调查中的第12题到第16题的统计数据显示，累计有49.19%的学生错误地认为思维导图就是思维可视化，只有26.15%的学生了解除了思维导图外，还有其他图示绘制原理和方法，如流程图、鱼骨图等。在阅读学习过程中，虽然有46.72%的学生基本了解思维导图绘制的原理和方法，但只有29.86%的学生曾

经绘制过思维导图。以上统计结果表明：教师可以在高中英语阅读教育教学过程中用更多地实例进一步展示和说明思维可视化的概念，引导、帮助学生真正理解思维可视化理念；在阅读语篇的教育教学课堂环境中适时进行思维可视化途径、方法等训练，让学生通过多种思维可视化工具理解和掌握阅读语篇文本材料的结构脉络，发挥思维可视化在阅读学习过程中培养思维品质、提升阅读学习效率的作用。

2. 推动阅读深度学习，发展学科核心素养

刘濯源曾指出：深度学习可以形成一种"正向增强循环"学习模式。问卷中第17题到第19题旨在调查研究学生对阅读学习中思维可视化运用的态度。58.74%的学生认为用绘制图示的形式有利于对阅读文本脉络的整体理解。此外，有60.34%的学生认为从绘制的思维导图中能更便利地感受作者的写作思路和写作意图。超过50%的学生能意识到思维可视化对阅读学习的积极作用，因此，教师可以引导、帮助学生突破高中英语阅读学习的舒适圈，大胆创新地运用思维可视化工具进行高中英语阅读语篇的深度学习。同时，教师应鼓励学生紧扣《新课标》提出的相关要求，即以思维品质培养为核心全面提高学生的学科核心素养。问卷第19题的统计结果显示，有82.16%的学生表示如果有机会，愿意在英语教师的指导下学习并运用有关思维可视化的理论和方法进行英语阅读学习，这为教师进行思维可视化探究提供了思想认识保障。

参考文献

［1］中华人民共和国教育部.普通高中英语课程标准（2017年版2020年修订）［M］.北京：人民教育出版社，2020.

［2］王颖婷."思维可视化"在初中英语阅读教学中的实践研究［J］.教育参考，2020（3）：72-77。

［3］刘濯源，林书扬.思维可视化与深度学习的融合探究［J］.中国信息技术教育，2019（21）：4-8.

第四节　思维可视化在高中英语阅读教学中的应用现状调查研究

近几年，随着全国范围内新教材、新课程、新高考的先后落地和实施，我国教育教学改革正逐步进入深水区，作为高中英语学科核心素养重要组成部分的学生思维能力的培养与发展已经成为高中英语课程体系中的核心培养目标之一。思维可视化通过思维图示技术将复杂抽象的思维过程、思维方法与思维结果形象生动地呈现出来，可以促进学习者的观察与反思。因此，在教育教学过程中运用思维可视化受到越来越多的教育工作者和研究人员的关注。笔者对思维可视化在高中英语阅读教学中的应用现状进行了问卷调查，分析后发现相当一部分教师简单地将思维可视化和思维导图画等号，或者认为思维导图就是概念图。诸如此类的调查结果表明该部分教师对思维可视化的理解仍存在局限性，思维可视化理论与其在真实的高中英语课堂阅读教育教学中的实践在一定程度上存在脱节的现象。针对这些调查研究过程中暴露出来的问题，笔者提出"以教促研，以研促悟，以悟促行"的探索研究新模式，在真实的高中英语课堂教育教学环境下，进行思维可视化在高中英语阅读教学中的应用研究，希望能够帮助教师们打造一个运用思维可视化呈现阅读语篇材料逻辑关联等属性的高效课堂，进一步夯实高中英语三大主题语境背景下学生英语学科核心素养训练，尤其是思维品质培养的基础。

一、调查设计

1. 调查对象

此次问卷调查的对象主要为安徽省安庆地区高中英语在职教师。笔者于2021年3月利用"问卷星"小程序发放调查问卷进行调查研究，共计回收174份有效问卷，有效率达100%。数据统计显示，参与此次问卷调查的在职教师中，教龄在15年以上的教师占比最大（54.60%）；教师学历以本科为主（86.78%），硕士学历的教师占12.07%；30岁以下教师占6.32%，30（含）～39岁的教师占44.25%，40（含）～49岁的教师占31.61%，50岁（含）以上的教师占17.82%；时任高一年级教师占34.48%，高二年级教师占27.01%，高三年级教师占38.51%。由此可见，此次问卷调查对象知识学历结构合理，各校教学经验相对丰富的教师为主力军。所有参与此次问卷调查的教师均知晓调查研究的具体内容，并表示会依据个人教育教学实际情况作答，这些都保证了调查问卷的信度。此外，调查对象涉及各个年龄层次，年龄分布与目前各个学校师资力量分布较为统一，以中青年教师为主；各年级教师所占比例接近1∶1∶1。因此，调查结果的全面性和客观性在一定程度上得到了保证。

2. 调查方法

笔者借助"问卷星"网站（www.wjx.cn）设计《思维可视化在高中英语阅读教学中的应用现状调查》问卷，再通过微信小程序等社交平台将调查问卷发放给安庆地区市、县不同类型高中学校的一线教师，并进行调查问卷填写说明指导，确保填写内容的完整性和真实性。此次问卷调查采用匿名调查的方法。

3. 调查内容

笔者根据调查研究需要，从个人基本情况、阅读教学现状、思维可视化认知现状和对思维可视化的态度这四个维度设计问卷调查的相关内容。

"个人基本情况"中年龄设置"A.30岁以下；B.30（含）～39岁；C.40（含）～49岁；D.50岁（含）以上"四个选项；教龄设置"A.5年及以内；B.6～10年；C.11～15年；D.15年以上"四个选项；学历设置"A.本科以下；B.本科；C.硕士；D.博士"四个选项；任教年级设置"A.高一；B.高二；C.高三"三个选项。"阅读教学现状""思维可视化认知现状"和"对思维可视化的态度"三个维度则根据调查研究需要设计相应调查问题，并将对应的问题答案设置为"A.完全不符合；B.基本不符合；C.不太符合；D.基本符合；E.完全符合"五个选项。参与调查的教师在认真阅读每题详细信息之后需要根据个人实际教学情况进行单项选择，漏答则问卷视作无效。

二、调查结果与分析

随着思维可视化在教育领域的研究不断深入和具体化，绝大部分高中一线英语教师都较为了解思维可视化这一理念，但是受传统教育模式的影响，部分高中英语教师的课堂教育教学仍以语言单向输入为主，尤其是在高中英语阅读教学中，更是以词汇、语法教学为主，缺乏对学生基于语篇的思维品质的培养。将思维可视化理论应用到高中英语阅读教学中，通过图示或图示组合等模式培养学生阅读能力、发展学生思维水平的实例还有待进一步探索和丰富。通过对调查结果数据的分析不难看出，教师需要进一步通过学习厘清思维可视化相关理论知识，尤其是对思维可视化工具的运用；进一步在高中英语阅读教育教学过程中有意识地将思维可视化的理论认知和教学实践紧密地结合起来。

1. 思维可视化的认知有待完善

建构主义学习观认为个人知识并非通过传授获得，而是个体利用学习资源，在与教师、同学等学习伙伴的共同协作下，通过构建的方式获得。在这一过程中有效利用思维可视化策略，即采用各种图示的方法可以帮助学生突破学习难点，建构知识体系，完善思维结构。调查问卷中的第15题到第19题主要研究分析一线教师对思维可视化的认知现状。从统计结果（图1）来看，有47.70%的高中在职一线教师对思维可视化很了解，但大部分教师（占68.39%）简单地认为思维导图就是思维可视化。另外，还有高达70.11%的教师不清楚思维可视化还有其他图示形式，如树状图、模型图、流程图、鱼骨图等。虽然有62.64%的教师尝试过运用思维可视化途径之一的思维导图进行高中英语阅读教学，但只有38.51%的教师曾经运用过鱼骨图进行阅读教学。

显然，教师对思维可视化理论的认知以及对思维可视化工具即图示表达模式等理解的局限，是大部分教师没有或不愿意真正在高中英语阅读教学中运用思维可视化的根源所在。正因如此，通过图示或图示技术等特殊"语言"形式所呈现出来的英语阅读思维方法、过程、结果以及在此过程中展现出来的高效课堂的魅力是没有运用思维可视化的教师或学生无法触及和体会的。

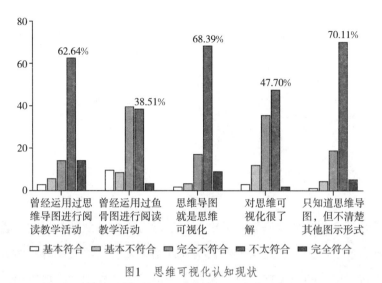

图1　思维可视化认知现状

2. 阅读教学中的知行有待统一

（1）教学目的与教学行为脱节。

调查问卷中的第5题意在调查教师对在英语阅读教学中培养学生思维能力的认知程度。数据统计结果显示，只有5.17%（图2）的教师没有意识到高中英语阅读教学是为培养学生独立思考、综合分析和创造性思维的能力，而在实际高中英语阅读教学行为中，却有合计达8.62%（图3）的教师没有做到以问题为导向的阅读课堂设计，忽视了在基于主题语境的阅读语篇文本材料学习过程中对学生逻辑思维和思辨能力的训练和培养。

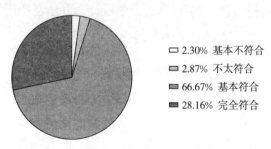

图2　阅读教学是为培养学生独立思考、综合分析和创造性思维的能力

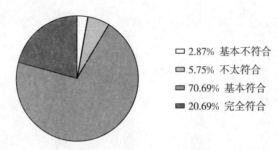

图3 教学中以问题为导向，培养学生的逻辑思维和思辨能力

顾明远在《教育大辞典》中指出：教学行为是为达到教学目的，教师和学生所采取的系列行为。但是从上图数据统计结果来看，绝大部分一线教师认真学习了《新课标》的相关理论，了解在高中英语阅读教学中的思维培养目的，但实际教学行为表现出的更多的是关注语篇知识点的单向传授，即英语语言知识和英语语法结构等，没有创设充分的思考环境或给予学生充足的思考时间，忽视问题导向下的思维品质培养，从而导致教学目的和实际教学行为脱节的现状。

（2）教学设计与教学过程失联。

调查问卷中的第7题到第10题侧重调查教师在教学设计中融入思维品质培养的情况。调查数据统计结果（表1）显示，超过半数的教师都能有意识地在高中英语阅读教学设计中融入对学生思维品质的培养。例如，依据《新课标》的语篇要求和阅读文本材料的内涵进行阅读教学设计，并能在阅读教学设计中考虑到文章作者的写作思路，注重培养学生的归纳和概括能力。

表1 教学设计中思维品质培养现状

问卷内容	选择"基本符合"的人数	占比
第7题：能根据新课标的语篇要求进行教学设计	131	75.29%
第8题：会根据文本的文化内涵进行教学设计	135	77.59%
第9题：教学设计中会考虑文章作者的写作思路	120	68.97%
第10题：教学设计中注重培养学生的归纳和概括能力	127	72.99%

相较于在阅读教学设计中的思维培养现状调查数据而言，教师在具体教学

过程中思维培养的调查统计数据却有不同程度的下滑。如图4所示，有66.09%的教师能基本做到让学生陈述阅读文本的结构或思路，与教学设计中的调查数据统计结果相比下降了近三个百分点；有69.54%的教师能基本落实在教学设计中注重培养学生的归纳和概括能力，与教学设计中的调查数据统计结果相比也下降了约三个百分点。

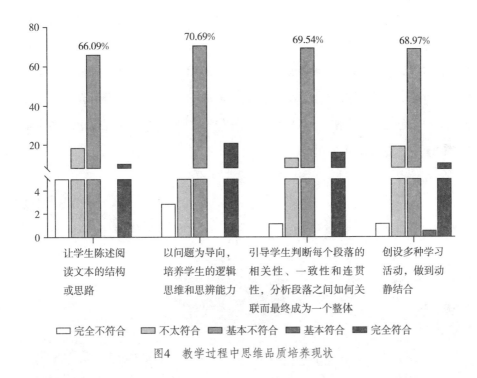

图4 教学过程中思维品质培养现状

通过随机询问部分教师得知，由于教学进度、课程安排以及阅读技巧传授等因素，教师在实际高中英语课堂阅读教学过程中，往往无法抽出足够的时间落实思维品质培养，这与调查结果一致。

三、调查研究启示

1. 立足现状，以教促研

理论源于实践，学校或教育管理部门应进一步敦促教师夯实一线课堂教学，切实保障教学效果，建立适当的激励机制，鼓励教师在教学中适时积极反思，提高教育教学研究的主动性和参与性。从问卷调查中"阅读教学现状"的调查统计数据可以发现，教师普遍有在阅读教学中贯彻思维品质培养的意识，这为在高中英语阅读课堂教学中进行思维可视化试验奠定了基础。教师在课堂教学试验研究过程中，可以围绕思维可视化的实现途径和展示形式，发现问题、分析问题，进而解决问题，推动项目研究顺利进行。

2. 把握精髓，以研促悟

思维导图是思维可视化的工具之一，但不是唯一的工具。教师需要加强学习，进一步掌握思维可视化理论知识，在研究过程中利用不同主题语境、不同文体的阅读语篇文本，不断探索、掌握各种图示工具在英语阅读教学过程中对思维品质培养的实际效果，并结合英语学习活动观，合理利用研究策略，逐渐形成不同类型、不同层次、多角度、全方位、立体化的思维可视化在高中英语阅读教学中的应用模式（图5）。

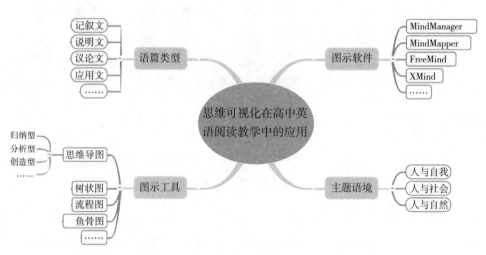

图5　思维可视化在高中英语阅读教学中的应用模式

3. 扎根课堂，以悟促行

秉持理论经验从课堂教育教学实践中来，再到课堂教育教学实践中去的理念，通过将研究的成果运用于高中英语阅读教学实践中并进行反复打磨，形成完善成熟的教育教学模式，积极联合兄弟学校及教育主管部门组织展示和推广活动，落实英语学科核心素养的指导思想，推动思维品质培养的步伐，促进思维可视化在高中英语阅读教学中的有效普及和应用，成为提高英语阅读课堂教学效果切实可行的辅助手段。

四、结语

"学而不思则罔"，教师承担着重要的教学任务，但所谓"教学"，即边教边学，边教边思。基于思维可视化在高中英语阅读教学中的应用需要，笔者在阅读语篇文本材料的教授过程中，不断学习并尝试使用不同的思维可视化工具，再将实践过程中的感悟和反思进行总结，以更好地指导自己的高中英语阅读教学。

参考文献

［1］邢文利，李梁.思维可视化技术下的教学目标建构［J］.教育科学，2013（2）：30–33.

［2］何芳.基于思维可视化的教学设计与实践——以《教学系统设计课程》为例［J］.教育信息技术，2020（1）：104–108.

［3］顾明远.教育大辞典（增订合编本）［M］.上海：上海教育出版社，1998.

［4］王蔷.英语教学法教程［M］.北京：高等教育出版社，2006.

［5］余文森.核心素养导向的课堂教学［M］.上海：上海教育出版社，2017.

［6］中华人民共和国教育部.普通高中英语课程标准（2017年版2020年修订）［M］.北京：人民教育出版社，2020.

第三章 思维可视化在高中英语阅读教学中的应用实践

　　高中英语阅读是将英语思维和英语语言进行有机结合的过程。高中英语阅读教学则是教师充分利用学生已有的英语词汇积累和语法架构，指导学生通过对基于人与自我、人与社会、人与自然三大主题语境的不同类型语篇文本材料的阅读，学习新的英语语言知识、建构和完善英语知识体系、发展语言技能并形成和培养跨文化沟通和传播中华文化的交流能力，理解语篇承载的文化内涵并树立正确的价值观，坚定文化自信，促进多元思维的发展并提高综合运用知识分析和解决实际问题的能力。

　　建构主义学习观认为，学习并非是个体通过传授获取知识和能力，而是通过教师和学生、学生和学生之间的通力协作，通过构建的方式完成对新事物的辨别、认识、理解和运用的过程。在高中英语阅读教学中运用思维可视化，将复杂抽象的英语语篇阅读内容以图示或图示组合的形式表达出来，有助于学生充分体验学习英语带来的乐趣，培养学生用英语思维综合解决实际问题的能力。

第一节 思维可视化工具及制作方法

思维可视化工具是思维可视化在具体应用过程中使用的主要手段。通过思维可视化工具呈现出来的原本只存在于大脑中的思维方法、思维路径等无法直接感知的、抽象的思维内容，更容易让人们观察、思考、理解、表达和记忆，同时能提高人们在信息处理、信息传递和信息应用等方面的效能。现在大部分学术研究基本将思维可视化工具分为基本图示技术和软件图示生成技术两大类。基本图示技术一般包括鱼骨图、思维导图、概念图、思考图（圆圈图、气泡图、双气泡图、树状图、括号图、流程图、复流程图、桥形图）和模型图等；软件图示生成技术包括MindManager、FreeMind、MindMapper、Inspiration、Linux、iMindMap和国产软件XMind等，以及一些在线图示生成技术，如爱莫脑图、迅捷画图、百度脑图、ProcessOn等。本节将重点介绍基本图示技术中的鱼骨图、思维导图、概念图、思考图以及软件图示生成技术中的Mindmanager和在线图示生成技术中的ProcessOn的使用方法。

一、图示技术绘制基本原则

思维可视化的最终目的是帮助人们通过形象具体的图示或图示组合技术呈现原本只存在于大脑中的抽象思维内容，提高对信息的筛选速度、缩短对信息的消化过程、提高对信息的记忆效率。因此，无论是基本图示技术还是软件图示生成技术，我们在绘制过程中都应遵循以下原则。

1. 限定绘制区域，有的放矢

首先，为了使学习者更好地将注意力集中在呈现出来的图示或图示组合上，绘制者应尽量避免使用有网格线、图案装饰或颜色背景的纸张或软件图示绘制背景，而应当使用底色纯白的纸张或软件图示绘制背景。因为网格线的背景极易与图示中的线条交叉混淆，对思维本身产生极大的干扰；而有颜色背景或图案装饰的绘制背景也会和图示或图示组合中有颜色标示的图块产生色系干扰，从而干扰信息的正常处理。其次，绘制者需要设定绘制区域，将基本图示或图示组合绘制在一张纸上，并根据内容多少确定基本图示技术中纸张横、竖设计版式。一般来说，分支数大于或等于四个的时候使用横版纸张设计（图1），而分支数小于四个的时候使用竖版纸张设计（图2），但都需要特别注意从绘制区域的中心开始绘制，并在四周留出一定的空白。通过这样的提前规划和构思，绘制者方便在规定区域内高质量完成图示或图示组合的绘制，并有利于学习者观察核心主题、主要分支以及子分支等项目之间的关联属性，有效完成信息处理和记忆等思维过程。

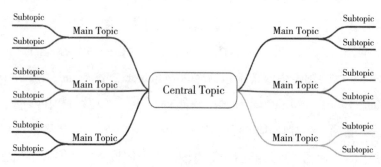

图1　横版纸张设计示例

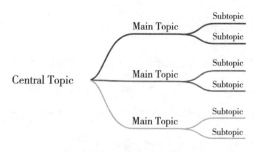

图2　竖版纸张设计示例

2. 设定分支上限，便于记忆

思维可视化所呈现的图示或图示组合的作用之一就是帮助人们更高效地处理、加工信息并进行信息记忆。高中英语阅读教学过程中的思维可视化则需要教师在课堂有限的教学时间内，迅速完成对呈现的可视化信息的甄别和记忆。根据心理学对三种存储模型之一的短时记忆的描述，我们可以了解到，短时记忆是有容量极限的，其平均值是七个组块（chunk）。"组块"在心理学上是指人们最熟悉的认知单元。根据人类短时记忆的这一容量特点，绘制者在绘制图示或图示组合的时候，每组的分支数最好不要超过七个。

3. 适当分解信息，主次分明

思维可视化所呈现的图示或图示组合应具备直观简洁的特征。如果分支过多过密，就无法为学习者的观察、理解和记忆提供一个高效的图示环境，极易给其造成困扰和负担。所以，在分支内容过多的情况下，我们可以尝试对材料进行二次加工和简化，将思维可视化图示分解为子母图的组合图示形式进行呈现，即母图从整体上保持主体框架的建构，而将相应的主要分支部分划分为子图中的核心主题，并绘制其相应的下级节点内容。这样的图示组合能让学习者根据子母图的关系准确判断语篇材料的主次内容，并完成相应的思维过程。

4. 选词简洁明了，抗扰增效

关键词能够概括文章主旨，揭示文章中心，展示文章脉络，标示句段关系，对加深内容的理解与记忆有很大的帮助。所以，在高中英语阅读教学的思维可视化过程中，在关键词选择上一般能用短语的尽量不用句子，能用单词的尽量不用短语。坚持言简意赅的原则有利于学习者对信息的理解和记忆，防止较多复杂语言文字的出现对学习造成干扰。

二、基本图示制作方法

1. 鱼骨图

鱼骨图，又称鱼骨刺图，是一种可以透过现象看到本质，发掘问题根源的分析技术，一般分为问题型、原因型、对策型三类。在高中英语阅读教学过程中，可借助该图呈现信息的相同点并可直观地进行对比。鱼骨图一般由"鱼头""脊骨"和"鱼刺"三个部分构成。在高中英语阅读教学中可通过以下步骤完成鱼骨图的绘制。首先，将阅读语篇文本的主题标注到"鱼头"位置，然后在"鱼头"中间位置反向画出"脊骨"，将阅读语篇文本中围绕文本主题需要呈现或对比的关键节点在"脊骨"上标注出来，再通过这些关键节点在"脊骨"上下两侧衍生出"鱼刺"部分。教师和学生可以通过一系列思维活动将需要呈现或对比的内容进行分解细化，使其更加具体，然后添加到"鱼刺"附近（图3）。需要注意的是，"脊骨"上下两侧放置的内容和方式不是一成不变的，可以根据实际需要进行编排和标注，可以是同质对比内容部分，也可以分别是语篇文本主旨的影响因素和结果，还可以利用语篇文本中的各部分与语篇文本主旨之间的关联有条理地分层罗列。在鱼骨图的制作过程中，学生通过深入分析阅读语篇文本材料，能够更清晰地掌握阅读语篇文本的脉络，更易概括阅读语篇文本的主旨思想。若教师适当给"鱼刺"部分留白，则更能激发学生的求知欲，调动学生积极思维，更好地完成思维品质培养。

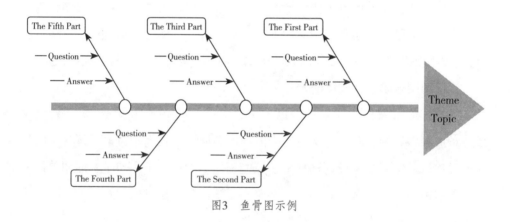

图3 鱼骨图示例

2. 思维导图

思维导图源自脑神经的生理思维模式和人类多感官的学习特性，采用以放射性思考为基础的收放自如的方式，运用多重属性并重的技巧，充分调动大脑机能，协助人们在逻辑与想象、抽象与形象之间发挥潜能，是一种助力高效课堂、发散思维的有效可视化工具。思维导图凭借其可视化、系统化和开放性等诸多优势，成为目前思维可视化在高中英语阅读教学中最常见的一种应用形式。

思维导图实际上以图块和语言文字为载体，用一个提取的关键词作为核心主题并以图块配词的呈现形式作为导图的焦点和中心，通过发散性思维向四周衍生出与之相关的主要分支节点，而分支节点本身亦可作为新的核心主题继续衍生出更多关联的分支节点。节点与核心主题之间以及节点与节点之间通常用线条及线条上的关键词进行连接，最终形成一个立体放射性的树状组织结构导图（图4），通过各个层级节点之间的关联图示展示，引导思维的全面发展。思维导图还用图像、线条、色彩、图表、代码、关键词等刺激思维和记忆的多维度要素来加以修饰，增强效果，把大量枯燥的文字资料或纷繁复杂的思路和线索，整理成一目了然、重点突出的放射状导图，提高趣味性，从而增强学习者的记忆力和创造性。因此，学习者在绘制思维导图的过程中还需要注意以下几点：①可借助与主题表达内容紧密相关的图像或色彩等引发观察者想象，更好地突出主题；②在关键词选择上以词为主，以句为辅，凸显思维导图整体上简洁、浓缩的特点；③层级节点之间的连接线条、弧线或图像等应当按照由粗到细、由大到小的递减规则进行绘制，以凸显层级节点之间的关联属性，同时增加整体图示的美观度；④注意色彩运用，一般一个分支采用一个主色调（图4），但不需要一个层级一个色调（图5）。如此，一方面能用色彩强化视觉冲击，提高观察效率，进而加强记忆；另一方面能通过色彩对比，提高大脑细胞活跃程度，使观察者进行积极思维，变枯燥为灵动，让内容之间的逻辑关系更加清晰明了。

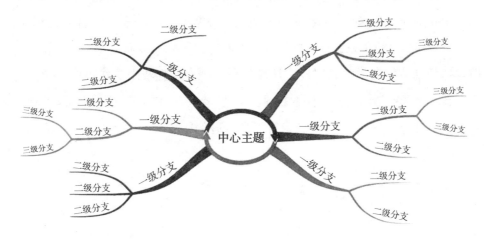

图4　思维导图示例

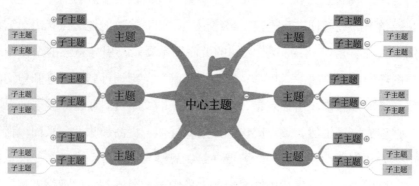

图5　错误色彩运用示例

3. 概念图

概念图和思维导图等图示形式虽然同属于思维可视化的有效途径，但其又区别于思维导图，是一种明确知识与知识之间关联属性的网络图形化的表达方式。它是由来自美国康奈尔大学的约瑟夫·D. 诺瓦克（Joseph D. Novak）在奥苏伯尔有意学习理论的基础上提出的一种组织并呈现知识网络的教学技术，旨在帮助学习者建构并完善认知结构系统，促进知识认知的结构化、网络化。

通常情况下，概念图共由三个部分组合而成，即焦点问题（也称节点）、连线及文字标注。学习者在绘制概念图的过程中，应首先将焦点问题作为节点置于中心位置，再依次罗列出一些子节点，根据子节点与子节点之间、子节点与焦点之间的逻辑关系进行有效连线，并在连线上标注或通过连线直接表明它们具体的细节特征或关联属性，从而创建一个全新且清晰的知识概念结构网络，有效地帮助学习者通过仔细观察，由浅入深、由表及里地理解和掌握知识概念。图6以高中英语北师大版教材（2009版）选修七模块第十九单元第一课Language为绘制对象给出示例参考。

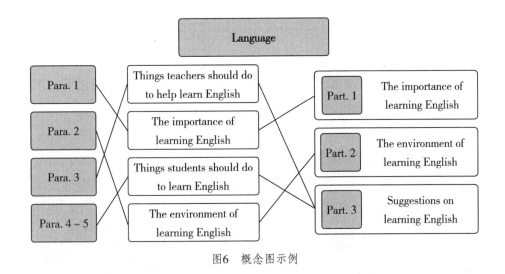

图6　概念图示例

4. 思考图（八大图示）

思考图也称思维地图（Thinking Map），有别于思维导图（Mind Map），它是大卫·海勒（David Hyerle）于1988年开发的一组思维可视化工具。思考图共分为圆圈图、气泡图、双气泡图、树状图、括号图、流程图、复流程图和桥形图等八种图示（图7）。这八种图示都具有自己独特的应用规则，每一种图示都对应着一个具体的思维技能。例如，圆圈图用来支持头脑风暴和联想，气泡图用来描述或想象，双气泡图用来进行比较和对比，树状图表示分类，括号图表示整体与部分的关系，流程图表示事件之间的顺序关系，复流程图表示因果关系，桥形图则用来表示类比关系。

思考图是思维可视化工具之一，八种图示呈现方式均有机地结合了对应的思维发展和运用策略，为学习者提供了适合具体知识类型的思维方式，当学习者选用其中任一图示表达方式的时候，也就相应地选用了其对应的思维发展和运用策略，这样就能避免学习者再花时间去思考如何挑选和使用思维策略，而专注于具象思维的培养和发展。此外，在面对一个相对复杂的问题情境时，学习者可以综合使用上述八种思考图示中的几个甚至全部，以实现对该问题的多角度、全方位分析。

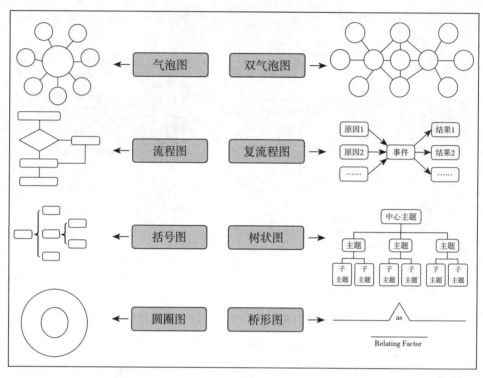

图7　思考图分类示例

三、图示生成软件MindManager的使用方法

与思维可视化技术相关的已开发的计算机软件，能避免手工绘制思维可视化图示耗时过长和不易保存等不利因素，图8以MindManager软件为例进行简要说明。MindManager是一款以思维导图绘制为主要功能的软件，它可以用多种样式绘出思维导图的组成元素，并在元素中加注各种标记（学习重点、难点，学习计划，完成情况等）；可方便地插入图片甚至视频、音频等多媒体素材；可直接导出Powerpoint、Word、Visio、PDF 等文件格式；在各元素上可方便添加便笺、附件和超链接，以便展开更多、更详细的内容；图中的很多内容都采用伸缩形式，在需要时展开，不影响最初导图简洁、易记的特点。

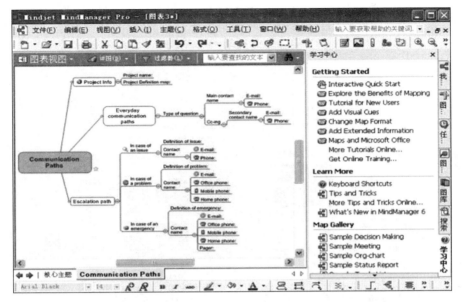

图8　MindManager的工作环境

四、ProcessOn在线图示制作方法

除了软件图示生成技术之外，很多在线图示生成网站凭借其不占用电脑内存、无须安装以及可以团队合作在线制作等方便快捷和部分免费的特点，也越来越受到学习者的欢迎。图9为ProcessOn在线图示制作页面示意图。该在线图示生成网站包含流程图、思维导图、树状图、鱼骨图和关系图等各种图示模板，绘制者可以根据个人需要以及知识类型和思维发展培养的需要，在对应的版块中创建图示内容。创建图示有两种途径类型可供选择使用：一是由绘制者独立创建空白图示内容，可以根据知识类型和绘制者自己的喜好自行发挥创作；二是模板选用，该在线网站提供免费模板、付费模板和VIP模板共三种模板形式供绘制者选择。绘制者在选取相应模板时，点击"立即使用"即可复制模板中所有内容和架构，也可对选用模板中的内容进行修改绘制。这种使用模板的途径能为绘制者节省思维加工和构图思考的时间。在图示绘制结束之后，页面右上角有"下载""写作""分享"和"发布"四个操作键。绘制者可以根据后续使用目的进行选择，绘制完成的图示可以PNG、JPG、SVG和PDF等文

件形式下载。如果点击"发布"，则可供ProcessOn在线网站收藏并推荐。绘制者还可以根据图示选用目的和选用界面等需要，点击"分享"生成链接网址供他人点击查看。

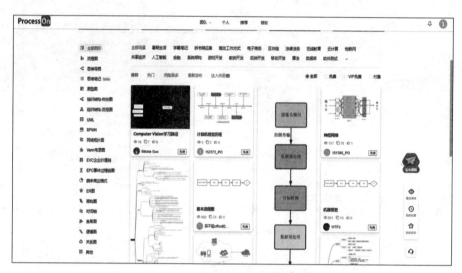

图9 ProcessOn在线图示制作页面示意图

思维可视化可以是某一种类型的图示技术呈现，也可以是多种图示技术的综合呈现。上述各种图示绘制技巧可单独运用，也可综合运用，因为各个图示彼此之间既相对独立又辩证统一。绘制者可以将思维和知识类型结合起来，运用图示或图示组合的模式呈现思维路径、思维方式、思维习惯等，最终达到有效发展思维、培养思维品质的目的。

参考文献

[1]刘艳.看完就用的思维导图［M］.北京：中信出版集团，2018.

[2]胡素英.思维可视化在高中英语阅读教学中的运用研究［J］.校园英语，2021（6）：101.

[3]毛昕，黄英，那履弘.教学中的思维可视化技术［J］.工程图学学报，2009（3）：173-178.

[4]林慧君.思维可视化及其技术特征［C］//中国人工智能学会计算机辅

助教育专业委员会.第十六届全国计算机辅助教育学年会论文集.上海：中国人工智能学会计算机辅助教育专业委员会，2014：697-762.

[5] 韩丽萍，李军荣.思维导图在小学英语教学中的应用［M］.长春：东北师范大学出版社，2020.

[6] Hyerle D. Thinking maps：seeing is understanding［J］. Educational Leadership，1995，53（4）：85-89.

[7] 赵国庆，杨宣洋，熊雅雯.论思维可视化工具教学应用的原则和着力点［J］.电化教育研究，2019（9）：59-66+82.

第二节　思维可视化在高中英语不同阅读文本类型中的应用

　　思维可视化具有将复杂知识简单化、抽象知识形象化的特点，通过思维可视化工具将学习思考过程中的思维方式、思维习惯等整个思维过程全部呈现出来，借助外化的图示表达方式直接反作用于人的大脑，促进观察者和学习者对知识的理解和掌握。思维可视化工具包括思维导图（Mind Map，一种从图示中央散发出去，运用色彩、线条、符号、图片以及词汇形成的一个接近大脑思考的路线图）、思维地图（Thinking Map，包括圆圈图、气泡图、双气泡图、树状图、括号图、流程图、复流程图、桥形图等八种基本图示形式）、概念图、鱼骨图和模型图等。这些思维可视化工具的图示拥有各自不同的特征，且对思维品质的培养各有侧重。我们在探讨如何在高中英语阅读教学中实践"思维可视化"理念的过程中，应深入了解阅读语篇文本的主题语境，深度分析阅读语篇文本的体裁，详细掌握阅读语篇文本的内容和结构；结合各种思维可视化工具呈现的特点，秉持不同类型语篇采用不同功用和思维培养倾向的思维可视化工具的设计策略，进行思维过程展示。教师应当按照"明确语篇类型—提取关键信息—绘制适配图示—展示交流成果"的模式实施思维可视化，不断丰富高中英语阅读教学，让教学活动个性化、有梯度，并能在运用思维可视化的过程中不断反思、总结，以更好地促进高中英语阅读教学的优化，实现培养学生思维品质的最终目标。

　　《课标》将阅读语篇的类型定义为"记叙文、议论文、说明文、应用文等不同类型的文体，以及口头、书面等多模态形式的语篇，如文字、图示、歌曲、音频、视频等"，强调教师在进行高中英语阅读教学的过程中重视对教学语篇的选择、分析及使用，通过精心选定的阅读语篇文本内容来培养和发展学生的英语学科核心素养。思维可视化通过图示或图示组合等形式综合呈现出来的思维过程降低了学生处理部分信息的难度，丰富了学生获取知识的途径，增强了阅读课堂的灵活性和互动性，有效帮助学生高效分析阅读语篇的意义、组织结构等内容，提高其分析问题、解决问题的综合能力，从而有利于培养学生的英语学科核心素养。在高中英语阅读教学过程中，学生会接触到大量不同体裁类型的阅读语篇文本，阅读语篇文本的体裁类型又是影响思维可视化工具使用效率的重要因素之一。从某种程度上来说，体裁类型制约着阅读语篇的组织模式，所以需要选用适配且具有对应思维培养倾向的思维可视化工具作为高中英语阅读教学的辅助。以下是笔者针对几种主要体裁类型的阅读语篇文本进行思维可视化工具实践的案例。

一、记叙文体裁实践案例

记叙文是英语阅读语篇文本体裁中最常见的一种类型，语篇文本通常按照时间先后顺序或情节发展顺序对发生的故事进行描述性写作。该体裁类型阅读语篇文本在脉络结构上一般呈现出较强的逻辑关联属性，学生一般可根据时间或情节发展的先后顺序进行层级划分。因此，在阅读语篇思维可视化工具选用上较适合采用"鱼骨图"和"概念图"的模式展示学习者在阅读该体裁类型语篇过程中的思维过程和阅读语篇文本的内在逻辑，完成对该体裁类型阅读语篇文本整体的脉络梳理。图1案例展示选取的记叙文取材于2020年高考英语全国卷Ⅱ阅读理解D篇（原文见附录）。该阅读语篇文本紧扣"人与自我"的主题语境，按照明显的时间先后顺序就核心主题——"对图书馆的热爱"展开记叙。

因此，本案例通过概念图的可视化表达形式，以语篇文本作者的孩童时期、16岁时、当妈妈后、当祖母后和成为小说家时共五个阶段为分析该阅读语篇文本的时间线，让学生分别思考、分析、罗列各个时期对应的活动内容以及各个时期相应的情感态度，并进行图块串联，最终形成该阅读语篇文本思维可视化呈现结果（图1）。学生通过利用直观的概念图可以深入地理解作者个人的感悟，即对图书馆的热爱是随着时间的推移、事件的累积以及不同时期情感的转换而不断衍化的。作者对图书馆的"love"贯穿全文，但全文却无"love"一词。借助图1展示出来的记叙文概念图案例，教师也可以在带领学生更好地掌握记叙文阅读文本的写作特点的同时，清晰地"读懂"阅读语篇文本作者对图书馆的这份"love"。

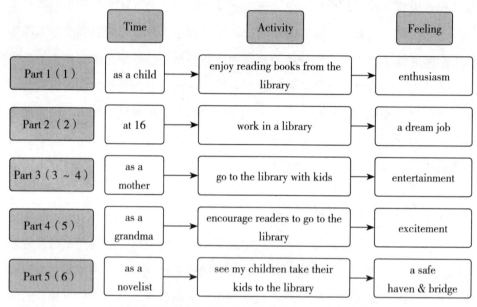

图1　基于概念图的记叙文思维可视化工具实践案例

二、说明文体裁实践案例

说明文体裁类型的阅读语篇文本一般以说明为主要表达方式，通过对客观事物或原理的多角度、多层级描述，使读者对该事物或原理有全面客观的科学认知。说明文体裁类型的阅读语篇文本多见于科普性质的文章，通常以时间为顺序，也可以以空间为顺序，还可以以流程为顺序揭示事物的状态、特征、演变、结果及相互间的关系。

结合说明文的阅读语篇文本特点，在对其进行思维可视化的过程中一般适合采用模型图、鱼骨图等思维可视化工具表达形式，直观展示需要说明的事物的结构特点或工作原理等，让抽象的内容经过思维过程显性化为可观、可测的外化图示或图示组合。图2案例展示选取的说明文取材于2017年英考英语全国卷 I 阅读理解D篇（原文见附录）。阅读语篇文本的内容以"人与自然"为主题语境，主要介绍的是一种自己可以亲手操作的、简单易行的太阳能蒸馏器的制作方法和工作原理。说明文的语言一般比较抽象，而且本案例中的文章内容涉及一些专业术语，且语言结构和描述过程稍显复杂，于是笔者在阅读课堂教学过程中引入模型图这一思维可视化工具表达方式，逐步引导学生以小组讨论的模式，根据文章提供的信息，绘制一套阅读语篇文本作者所说的太阳能蒸馏器系统的模型图示。通过小组讨论逐渐完善的模型图示以及绘制过程中的思考，使学生更加深入地理解自制太阳能蒸馏器的运行机制，从而对阅读语篇文本内容有了更深层次的掌握。这正体现出思维可视化工具的功用之一是使复杂的信息简单化。

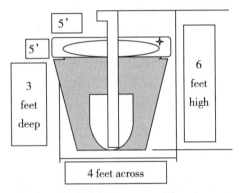

图2 基于模型图的说明文思维可视化工具实践案例

三、议论文体裁实践案例

议论文是围绕一个中心论点通过举例子、摆事实等写作手法论述事理、发表意见的一种文体类型。从本质上说，议论文的内容实质上是围绕一个中心论点发散出去，并相互连接贯通。这与思维可视化工具中的思维导图所呈现的最终效果一致，即由核心主题向四周发散成若干子主题，根据阅读语篇结构特点等可以继续变子主题为次核心主题并衍生出其对应的子主题分支。学生通过这个形式灵活且直观形象的思维导图能进一步掌握议论文的核心论点，并能清晰了解议论文阅读语篇文本的结构特点和论述层次。

图3是阅读课堂教学过程中学生手绘的一张关于高中英语北师大版教材（2009版）选修七模块第二十一单元第一课Super Athletes文章结构分析的思维

导图，笔者以其作为实践案例进行展示。该阅读语篇文本以"人与自我"为主题语境，从内容上看似乎有很多不同的事例陈述，如fallen records、experts' predictions、doping、Gene-therapy、the Olympic Spirit等，但追根溯源，它们实质上相互关联，共同服务于Super Athletes这一话题。在阅读课堂教学过程中，教师可以鼓励学生利用思维导图这一外化思维的表达工具来发散思维，把握文章脉络，理清文章逻辑结构，明白作者的观点与态度并形成批判性思维。学生在绘制思维导图的过程中不仅思维形象化了，思维品质也得到了培养。

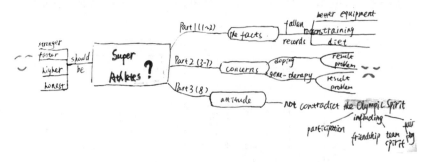

图3　基于思维导图的议论文思维可视化工具实践案例

四、应用文体裁实践案例

应用文是在人际交往过程中逐渐形成的一种重要的实用性文体，较多地运用于处理日常事务、传递重要信息、交流情感态度等，是人们学习、生活和工作中必不可少的一种文体形式。应用文阅读语篇文本具有实用性强、真实性强、针对性强、格式比较固定等特点。应用文的类型分为很多种，书信作为应用文体裁的阅读语篇文本中的一种，也是常见的应用文之一。书信有明确的叙述对象，借用书面文字表达的方式与特定读者交流思想感情、传递重要信息等，达到表达书信作者内心深处的思想感情或陈述具体信息内容的目的。

图4案例展示选取的是高中英语北师大版教材（2009版）选修八模块第二十三单元Communication Workshop。阅读语篇文本是一封投诉信，紧扣"人与社会"主题语境，在阅读语篇文本，作者讲述了自己在购买健身自行车后，发现健身自行车和广告宣传上的功用不一致，而且在使用过程中发现产品质量

存在缺陷，在之后维保的过程中对商家的服务态度也产生了诸多不满，在投诉信的最后阐明了自己的诉求。笔者借助该阅读语篇文本，鼓励学生在阅读过程中通过小组成员之间的通力合作，在了解阅读语篇文本具体内容的情况下，讨论、了解投诉信的一般写作风格和典型的框架结构，最后与学生一起利用一级树状图绘制投诉信件主体部分的结构图示。通过绘制完成的树状图的展示，学生经过积极思维能够进一步掌握投诉信件的书写。

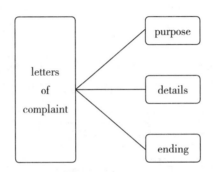

图4　基于树状图的应用文思维可视化工具实践案例

五、基于议论文体裁的图示组合实践案例

不同类型的思维可视化工具所呈现的思维过程和结果能培养不同的思维能力，正因如此，在实际的高中英语阅读课堂教学过程中，教师要基于阅读语篇文本的结构特点锻炼和培养学生的综合思维能力，提高其整体思维水平，不应单一使用某一种思维工具对思维过程进行呈现，而应综合使用多种思维可视化工具形式，创造性地将思维方式、思维路径等全面、立体地进行展示，以达到发展学生综合思维品质的目的。图5和图6针对同一阅读语篇文本，分别展示了单一使用概念图和综合使用多种思维可视化工具的呈现效果。该阅读语篇文本取材于高中英语北师大版教材（2009版）选修八模块第二十二单元第三课Natural Disasters，紧紧围绕"人与自然"主题语境，以"Nature is turning on us"为核心论点，从近十几年全球自然灾害发生越来越频繁的现象导入，然后分别从各种自然灾害产生的背景原因和自然灾害频发的直接结果两个方面围绕主题论点进行论述，最终综合人类活动与自然灾害之间的关系以及自然灾害反

作用于人类活动的结果引出专家猜测，从而进一步强化主题论点。图5选用单一的思维可视化工具——概念图的形式呈现对全文的思维过程。学生从图5的内容基本可以了解全文主要结构和层次特点，此图虽进行了思维加工，但可以看出还是缺乏对思维细节的处理。图6则选择思维可视化工具的综合运用，即概念图、思维导图等的创造性组合使用。通过将图6与图5的图示呈现效果进行对比不难发现，图6在思维的角度、思维的深度、思维的广度等思维品质的培养和发展上更加全面。学生通过对该图的绘制、填空和完善，不仅对阅读语篇文本的结构及脉络特点有了更清晰的了解，还能掌握论述环节的具体内容，并深入理解各个论述部分与主题论点"Nature is turning on us"之间的关联属性，在思维能力得到全面培养和锻炼的同时，思维品质也在一定程度上得到了提升。

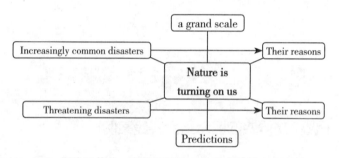

图5 阅读语篇单一思维可视化工具呈现效果实践案例

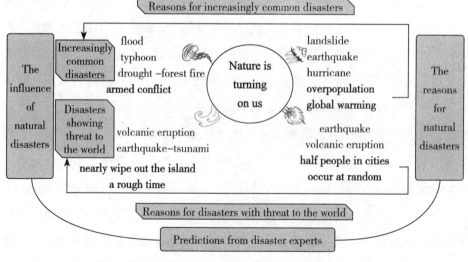

图6 阅读语篇综合思维可视化工具呈现效果实践案例

下篇

实践篇

第四章　基于北师大高中英语阅读语篇的思维可视化实践案例

在高中英语阅读教学过程中运用思维可视化，能够将学生抽象的思维过程和思维规律具体化、形象化。教师通过对学生显性化的思维进行观察，能发现学生在高中英语阅读学习中可能面临的障碍或问题，及时提供有效的指导和帮助，逐步培养其多元思维的意识和创新思维的能力。但正所谓"纸上得来终觉浅，绝知此事要躬行"，理论的研究最终需要借助实践进行检验，脱离实践的研究是"纸上谈兵"。因此，本章将结合北京师范大学出版社2019年出版发行的高中英语教材必修一到必修三中的阅读语篇，从课例分析、导学案设计、教学设计及教学反思等四个方面进行思维可视化具体实践案例呈现，帮助广大读者进一步了解和认识思维可视化在高中英语阅读教学中的应用。

第一节 课例分析实践案例

必修一模块

Unit 1　Lesson 3 Your Life Is What You Make It

一、阅读语篇文本分析

该阅读语篇文本取材于新版北师大高中英语教材必修一第一单元Life Choices中的第三课Your Life Is What You Make It。该阅读语篇文本主题语境为"人与社会"，是一篇有关大学生张天通过人生选择（支教）实现个人价值的记叙文。阅读语篇文本以大学毕业生张天为故事主人公，讲述了他在大学毕业后选择成为贵州贫困山村的一名支教教师，以及在支教过程中面对现实环境设施简陋等困难，用积极的人生态度和社会责任感创造性地解决一系列问题的故事，凸显了"实现个人价值的正确途径"主题。整个阅读语篇文本共由四个部分组成：第一部分讲述的是张天的日常生活，让学生能直接感受到支教生活的辛苦，引发学生思考其选择这样的支教生活的原因；第二部分正式讲述张天选择支教生活的原因是受到其他支教教师的感染，以及他勇于担起自己肩头的社会责任；第三部分讲述张天在支教过程中发现真实的工作和生活环境与想象中的有不小的差距，但他依然克服困难坚守在支教岗位；第四部分则通过对张天在支教期间，以积极的心态和不畏艰难的精神逐渐丰富学生的学习和生活的描述，展现出一个开拓进取、致力于偏远地区教育事业发展的新时代大学毕业生的人物形象。整个阅读语篇文本在故事叙述上起承转合非常明显，语言生动质朴，记叙文的主题意义也很鲜明，可以促进学生在阅读时积极思考，结合自身学习和生活的经历产生积极的情感共鸣，仔细思考应该选择什么样的生活方式度过自己的一生。

二、学情分析

本节课的授课对象为市区一所省重点示范高中的高一学生。这个阶段的学生刚刚从初中踏入高中，面对的是高中全新的英语教材，尤其是英语阅读语篇文本，词汇积累还不够丰富，基本语言知识架构还不是很牢固。该阅读语篇文本虽然篇幅较长，但基本上所有内容都是围绕大学毕业生张天的支教生活展开的，所有词汇也是与支教生活息息相关的，基本没有难词和生僻词。所以，对于该省重点示范高中的学生来说，该阅读语篇文本的难度不会太大，但是学生在对语篇结构的深层理解以及借助思维可视化工具呈现文章细节信息和文章段落联系这些方面仍然存在一定的障碍，因此教师需要不断地积极引导，设置由易到难的梯度练习，让学生收获英语阅读学习的快乐。

三、教学目标分析

在本节高中英语阅读课讲授结束后，希望学生能在语言能力、思维品质、文化意识和学习能力等英语学科核心素养的基本方面达成以下目标。

1. 语言能力

（1）了解报道类记叙文的基本写作结构。

（2）通过对阅读语篇文本的仔细阅读基本理解语篇的具体内容。

（3）借助思维可视化工具，通过信息查找和重组能快速掌握该阅读语篇文本的主旨大意。

2. 思维品质

在丰富的课堂活动组织过程中，通过具体的思维可视化工具呈现出来的阅读语篇文本的信息和架构，学生能够快速准确地抓住报道类记叙文的介绍、起因、现状和结果的框架结构，分析阅读语篇文本的内容和报道类记叙文的写作要素，能用英语流畅地表达自己的观点，尝试在语言输出部分运用本节课所学习的内容绘制自己的故事图示，呈现故事脉络，并完成对 "Your life is what you make it"的再创作，以此达到培养和发展分析问题的能力和创造性思维能力的目标。

3. 文化意识

鼓励学生结合自身的学习和生活中的相关经历，积极认真思考选择什么样的生活方式去度过自己的一生，理解如何通过人生的选择实现个人价值。

4. 学习能力

鼓励学生在英语阅读学习过程中运用小组讨论、探究归纳等学习方法，借助思维可视化工具对阅读语篇文本的脉络和自己的思考过程进行展示，从而培养思维品质，提高合作能力等英语学科核心素养。

四、教学策略和方法

本节高中英语阅读课教学始终凸显学生的学习主体地位，利用图片吸引学生的注意力，并引导学生积极思考，通过头脑风暴为所给图片添加更多的修饰形容词；巧妙利用学生的认知规律，通过搭建思维可视化模型，展示阅读语篇文本的具体内容和脉络；在英语学习活动观的指导下，从简单到困难逐级设计活动任务；在不同的活动设计中通过思维可视化工具有效呈现思维过程和思考方法，引导学生逐步探寻阅读语篇文本的内容，罗列知识细节，分析阅读语篇文本的结构，建立层级联系，最终顺利完成高中英语阅读课程的课堂呈现；促进学生在课堂多样且由易到难的梯度活动过程中，增强对英语语篇阅读的兴趣，提高从英语语篇阅读中获取信息的能力，以及灵活使用思维可视化工具展现阅读语篇文本信息和脉络的能力。

五、教学过程分析

Step 1：用头脑风暴，激活大脑思维

在阅读学习正式开始之前，教师呈现三幅图片，分别为教室、学生和教师，并辅以形容词进行说明，然后请学生就展示的三幅图片，通过头脑风暴，以积极的思维添加更多的修饰形容词并预测阅读语篇文本的具体内容。

设计意图：通过教室、学生和教师的真实图片展示，让学生对照片中的人

和物有一个直观的了解，以此激发学生想要继续了解照片中的人和物的学习欲望，充分调动学生的学习热情和积极性。同时，头脑风暴的导入模式能够成功地激活学生的大脑思维，为完成本节阅读课教学后对主题意义的深度理解埋下伏笔，进而增强学生的主题意识。

Step 2：读文本素材，理清语篇结构

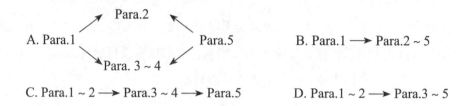

教师鼓励学生快速浏览全文。借助以上活动，学生在阅读中迅速找出报道类阅读语篇文本的基本结构。教师在本次活动中可以利用启发引导的形式，鼓励学生通过交流分享给出结论。

设计意图：预测技巧是学生在阅读学习过程中根据语篇结构或标题掌握阅读语篇文本信息的重要手段之一。鉴于此，鼓励学生在学习过程中理清段落结构和层次关系既有利于学生后面对阅读语篇文本的分析，也有利于学生对语篇的把握。同时，关系图让学生能清晰感知到通过图示演示可以高效地将整个阅读语篇文本的脉络清晰呈现，为后面学生创作图示做好铺垫。

Step 3：览语篇细节，挖掘文本具体信息

教师请学生再次精读阅读语篇文本的全文，并将张天的行动轨迹按阅读语篇文本中的正确顺序罗列在横向坐标轴上，将张天在不同事件中表现出来的内心情绪对应地列在纵向坐标轴上，通过连线的形式找出情感变化和事件发生的规律。

设计意图：该环节是学生在对语篇文本层级结构有所了解的前提下，对阅读语篇文本具体内容的深度学习，一方面可以引导学生加深对语篇的理解，另一方面能促使学生进一步了解报道类记叙文的事件发展脉络。同时，在结合图示展现具体内容时，可以进一步培养学生处理信息的能力，并且可以锻炼学生的语言表达能力，从而大大提升其语言迁移运用能力，为其日后不断形成出色

的独到思想和见解并言简意赅地将其表达出来埋下伏笔。

Step 4：用深度思维，绘制综合图示

教师请学生四人一组结合之前所提炼的文本要素信息以及教师所给的问题信息，绘制综合图示，以帮助学生总结主人公开心的原因，形成正确的价值观，提高对阅读语篇文本中心思想的认识。

Q：Why does Zhang Tian feel so happy that he followed his heart when choosing what to do with his life even though it may not be what others expect of him?

在学生绘制完成前，教师可以先给出一个自己绘制的图示进行演示（图1），再请不同组的学生展示。

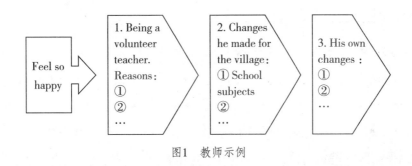

图1 教师示例

设计意图：在经过前面的大量分析之后，教师需要了解和关注学生是否真正理解了文本素材的基本信息，因为这是本课教学的重难点。利用四人小组合作的任务活动形式，既有助于学生进一步巩固和总结对语篇章脉络的理解，也有助于学生培养团队合作意识。同时，在进行多次图示填空后自己动手绘制图示，有利于学生更好地理解、记忆和运用语言知识，为后期的语言输出奠定基础。

Step 5：基于阅读结果，实现迁移创作

在对文本素材进行大量分析总结后，教师请学生根据报道类文本的基本要素信息，绘制自己即将分享的对文本中心标题进行认知理解的图示；接着请学生将自己绘制的图示进行展示并进行同伴互评。在展示和互评完成后，每个学生开始着手书写自己对图示的理解并将未完成的内容作为当日作业。

设计意图：在阅读基础上积累的语篇认识和语言成果是阅读学习课后延伸的重要基石。通过之前任务中对已读故事要素的梳理，进行相关联的知识迁移并绘制出自己的图示，将写作中"隐性的"思维转变成"可视的"图示进行展示，有利于学生自己更好地列出展示要素，更有利于在评价中学生互相给出有效的指导建议，从而使得学生可以自己查漏补缺，提升逻辑思维能力，并从宏观上对写作的整体思路进行把控。

Unit 2　Lesson 1 The Underdog

一、阅读语篇文本分析

该阅读语篇文本取材于新版北师大高中英语教材必修一第二单元Sports and Fitness中的第一课The Underdog。该阅读语篇文本主题语境为"人与自我"，借助"体育与健康"的单元主题，让读者体会体育人以及他们所表现出来的体育精神。文章属于记叙文，共由两大部分组成，以第一人称的视角讲述了身高不到1.6米的队友Paul的篮球比赛能力虽然得到队友们的认可，但身高原因一直受到来自本队教练的冷遇，在比赛中常年稳居冷板凳一席。但他自己并不放弃，一直坚持训练，在机会来临之际，将自己平时训练积累的实力充分展示出来，在证明自己实力的同时让教练和队友刮目相看。第一部分，作者以第一人称视角先就和Paul的队友关系、共同爱好等进行了简单的介绍，然后在第二段通过描述和Paul同样不具备身高优势的著名篮球运动员Bogues在篮球场上的佳绩引出"the underdog"的真正含义。第三段则对Paul在校篮球队的现状进行了专门描述，同时重点突出Paul时刻不放松训练，一直以最佳状态和高标准参加常规训练。第四段迎来故事转折点，说明在遇到校队强劲的对手The Bears时，Paul即将迎来属于自己的机会。第二部分，作者仍然以第一人称的视角描述在和劲敌the Bears比赛的最后一节，"我"膝盖受伤不能继续比赛。正在队友和教练一筹莫展之际，"我"极力推荐Paul替补上场，教练从最初的不同意到最后勉强答应给他机会。最后，Paul凭借自己优异的表现赢得了阵阵掌声，"我"的球队也顺利地拿下了这场比赛。比赛结束后，教练终于接纳了Paul，并称之为"Big guy"。文中语言描述形象，情感烘托突出，给人很强的画面感；涉及比赛当天的突发情况时，甚至以对话的形式进行呈现，再现了比赛场景，烘托了当时紧张的氛围。作者希望读者通过对该阅读语篇文本材料的学习，深刻体会"逆境不自艾，以不忘初心的努力坚持，通过把握机会，成功逆袭"，深刻思考如何看待自己的不足之处，将劣势转化成优势并实现自我突破。

二、学情分析

本次高中英语阅读课的教学对象为市区省示范高中高一的学生。在完成初中三年的英语学习之后，学生基本具备一定的英语语言知识积累和一定的分析问题、解决问题的能力。在阅读语篇文本的信息处理方面，他们善于获取阅读语篇文本表层信息，但对提取出来的信息进行整理、归纳和总结以及挖掘阅读文本信息深层含义等方面的能力有待进一步锻炼和提高。本节高中英语阅读课选取的班级中大部分学生表现欲强，能积极配合教师完成课堂上布置的任务活动，但却缺乏深度思考。针对这一点，采用动静结合的任务活动设计，能让他们动起来，更能让他们沉下心。该阅读课的中心话题对学生而言比较熟悉，因为他们平时基本都会参加各种体育锻炼，尤其是篮球这项运动对于男生而言更不陌生。他们几乎都能够有话可说，但他们用英语去阐述篮球运动中的体育精神的能力还有待提高。此外，针对班级中部分基础薄弱的学生，教师应在任务活动实施过程中直接参与他们的讨论，适时、适当地给予相应的指导，或者在他们回答问题遇到困难时，适当降低问题难度，让他们也能体会到英语阅读学习的快乐。

三、教学目标分析

在本节高中英语阅读课讲授结束后，希望学生能在语言能力、思维品质、文化意识和学习能力等英语学科核心素养的基本方面达成以下目标。

1. 语言能力

（1）依据提示快速筛选出阅读语篇文本中相应的具体信息。

（2）掌握阅读语篇文本总体结构脉络，能通过思维图示进行简单陈述。

2. 思维品质

（1）借助思维可视化各种图示分析、解读阅读语篇文本并完成不同的任务活动设计。

（2）思考在实现自我突破过程中如何利用自己的优势弥补自身的不足，克服前进途中的各种困难。

3. 文化意识

（1）思考如何正确看待和应对自身表现出的不足，实现自我突破。

（2）深度理解、感悟体育精神中团队合作和坚持不懈的重要性。

（3）激发并增强克服困难、百折不挠以及不断突破自我的意识。

4. 学习能力

（1）培养和发展学生合作探究的学习能力。

（2）学会设计和绘制思维可视化图示，展示教练在整个故事中的态度转变。

四、教学策略和方法

本节高中英语阅读课的教学话题是学生比较感兴趣的体育类话题，而篮球更是学生熟悉的球类运动。所以，以 "What makes a great basketball player?" 问题导入，能够激发学生的求知欲和表现欲，顺利进入篮球的主题探讨，为阅读课堂后续的任务活动设计做好铺垫。课堂任务活动设计做到以学生为中心，凸显学生主体地位，教师在整个过程中充当指挥，还课堂于学生，让学生在丰富的课堂任务活动中体会英语阅读带来的快乐。教师设计的思维可视化图示，可以引导学生理清Paul和Bogues之间的关系和相关信息，便于学生根据罗列出来的信息内容进行有效联想，找出关联，并从中得到启迪，从而掌握更多的阅读技巧。学生自己动手设计和绘制的思维可视化图示（鱼骨图）可以帮助其理清第二部分中各个事件发生的先后顺序以及事件发生过程中对应的教练态度的变化。通过这样的任务活动提高和锻炼了学生搜集信息、处理信息、加工信息的能力。此外，在英语学习活动观的指导下，教师通过丰富的课堂任务活动设计，用问题进行串联，鼓励学生通过小组讨论进行探究；学生在教师的指导和帮助下，找出答案，培养在小组协作中分析问题、解决问题的能力。在这一过程中，学生有同伴的互相帮助，能提高学习热情，收获阅读带来的快乐以及完成任务时的喜悦。教师可以根据任务活动进行得顺利与否，选择性地进行指导，并给予适当的启发、帮助或者鼓励等。

五、教学过程分析

Step 1：启发引导，激活思维

通过头脑风暴请学生探讨"What makes a great basketball player?"问题的答案，以学生耳熟能详的问题激发学生的兴趣，迅速调动学生学习英语的积极性，引导学生将注意力迅速转移到英语阅读课教学上来。学生在回答问题的过程中势必需要运用自己有关篮球话题的英语语言知识储备，这也为下一步课堂任务活动的开展激活了相关词汇积累。然后，教师借助姚明和Bogues的照片对比，使学生形象直观地感受照片中两人的身高差，并抛出问题"图片中个头不高的运动员是否能够成为和姚明一样出色的篮球运动员呢？"在激活学生思维的同时顺利引出本节英语阅读课的中心话题——The Underdog。

设计意图：头脑风暴环节的主要功能是帮助学生迅速进入英语学习状态，激发学生学习英语新课程的兴趣以及与阅读课主题相关的英语语言知识储备。这一方面能顺利导入本节英语阅读课的教学主题，另一方面能为本节英语阅读课的课堂任务活动的顺利开展做好铺垫。

Step 2：播放视频，猜测中心文意

选择一则介绍Bogues的英语短片，重点突出"小"亦可"大"的方向引导，让学生在观看的过程中，自然而然地对本节英语阅读课的主题"The Underdog"有一个初步的判断。视频播放结束后，教师邀请学生通过讨论给出他们认为的对"The Underdog"最合适的诠释文字。

设计意图：在头脑风暴中一系列课堂任务活动的基础上进一步以短视频这种动态呈现的方式，让学生继续理解本节英语阅读课中心主题的含义。该部分

的视频动态呈现和头脑风暴中的照片静态展示构成了动静结合的视觉冲击，形成了前后呼应的主题引导氛围，重点突出，启发学生积极思维，在进一步提升课堂氛围的同时，瞬间抓住了学生的注意力，引发他们继续探讨阅读语篇文本核心内容的欲望。

Step 3：充分阅读，享受过程

高中英语阅读课旨在通过阅读语篇文本的学习，借助一系列的课堂任务活动，让学生探索主题语境意义下的阅读语篇文本的文化内涵，提升学生对阅读语篇文本的阅读理解能力，培养学生的批判性思维、概括性思维等一系列思维品质。本节高中英语阅读课在让学生快速阅读确定该阅读语篇文本中出现的主要人物后，分别就两个阅读语篇文本的核心部分设置了如下几个任务活动。

任务活动一：快速阅读，理清人物关系。

请学生快速浏览阅读语篇文本的第一部分内容，通过教师展示的思维可视化图示之一的概念图，在阅读语篇文本中找出相应的信息内容填写在图示中的合适位置，并对比填写的信息内容，归纳总结出作者在该部分呈现这些内容的意图。

设计意图：通过教师展示或者学生绘制呈现的方式，思维可视化可以有效辅助高中英语阅读教学。该部分以教师呈现思维可视化图示为主。教师在此部分的思维可视化图示设计上，创新地使用了思维可视化工具之一的概念图，并给出关键信息，鼓励学生通过快速阅读、有效定位找出对应的具体内容进行填写。Paul和Bogues的信息完成后，能形成鲜明的对比，能对学生的思维起到一定的引导和激发作用。

任务活动二：依理依据，有效猜测。

根据阅读语篇文本中的有效信息和上下文语境进行有效推理判断也是高中英语阅读教学中学生阅读能力培养的一个重要方向。因此，在该节高中英语阅读课第一部分语篇文本向第二部分语篇文本过渡的环节中，教师请学生通过阅读第一部分阅读语篇文本最后一段中的最后一句话，以及本节阅读课的中心话题，推测故事发展趋势。

设计意图：根据阅读语篇文本信息内容和上下文语境关系对阅读语篇文

本结构进行推理判断是高考阅读理解考查点之一。该阅读语篇文本由两部分组成，这恰好为教师培养学生推理判断阅读语篇文本结构的能力提供了条件，教师在该部分引导学生快速思考并做出判断，促使学生在阅读思维始终保持活跃的状态下继续探究阅读语篇文本的具体内容。

任务活动三：思维可视，理清事实。

在该阅读语篇文本的第二部分中，更多的是以对话形式呈现故事内容，既可以带给读者真实的情境感受，还能为读者留出丰富的想象空间。该部分作为故事发展的高潮，含有丰富的细节内容，因此，教师鼓励学生在小组讨论中尝试性地运用思维可视化工具之一的鱼骨图对阅读语篇文本中展示的故事细节进行排序，并对应地在阅读语篇文本中找出教练在每个事件发生节点的不同态度。

设计意图：思维可视化的运用不仅需要教师的示范指导，也需要学生亲自尝试。该部分丰富的故事内容为学生创设自己的思维可视化图示提供了有利条件，在对阅读语篇文本信息进行提取、加工、处理的过程中，学生将故事发展的细节借助思维可视化图示之一的鱼骨图进行展示，让抽象思维具体化，让故事发展可视化。此过程锻炼了学生的创造性思维，培养了学生在高中英语阅读学习中灵活运用思维可视化工具的能力。

任务活动四：总结提升，逻辑表述。

《新课标》要求在培养学生英语听、说、读、看、写五大基本技能的过程中，帮助学生形成正确的价值观和世界观。本节高中英语阅读课在充分进行语言输入的前提下，使学生对英语阅读语篇文本的核心思想有了一定的认知，理解了"小"身材也有"大"作用的道理。因此，在该环节，教师设计了两个层面的任务活动，层层递进，引导学生进行深度思考，实现高效语言输出。第一部分，请学生在对阅读语篇文本内容进行回顾、阐述的基础上，总结提炼，归纳总结出Paul自身的优缺点以及发生在Paul和他教练身上的一些变化，以进一步巩固本节课所学；第二部分，请学生就第一部分的语言输出联系自己的学习、生活等实际情况，小组讨论话题"In what way can we change our disadvantages into advantages?"

设计意图：语言的大量输入是保证高效语言输出的前提条件，教师希望借助本节高中英语阅读课前几个任务活动的设计，向学生输入大量与本节阅读课主题相关的内容，为学生高效语言输出奠定扎实的基础。通过这些铺垫，教师在本环节借助两个有梯度的任务活动设计，由易到难，由阅读语篇文本信息巩固到联系生活实际自由发挥，逐步引导学生进行语言输出，基于阅读语篇文本材料主题内容，又高于阅读语篇文本材料主题；既巩固了本节英语阅读课的主题内容的学习，又升华了对本节英语阅读课主题的思考。学生的思维能够得到最大程度的锻炼和提升。

Step 4：内容复盘，巩固所学

本节高中英语阅读课上既有教师展示的思维可视化图示内容，又有学生自创的思维可视化图示。所以，教师请学生充分利用这两部分思维可视化图示展示的故事内容信息，分别概括介绍Paul及其之后与the Bears篮球队比赛过程中发生的一系列故事。

设计意图：在本节高中英语阅读课上，无论是教师展示的创新性思维可视化图示之一的概念图，还是学生根据故事具体发生顺序绘制的思维可视化图示之一的鱼骨图都是智慧的结晶，更是思维的精华。该环节旨在鼓励学生最大限度地提高思维可视化图示利用率，让思维可视化在高中英语阅读中真正落到实处，同时有效锻炼学生的概括归纳等学习能力。

在作业设计环节，考虑到本节高中英语阅读课堂上的教学时间有限，使得部分学生无法完成自己的思维可视化图示，教师请学生在课后继续根据阅读语篇文本内容中故事发生的先后顺序完成自己的思维可视化图示，并让学生书写一篇短文来介绍一下自己身边最好的同学及其对自己的影响，将本节高中英语阅读课的核心内容进行主题的升华和延伸，锻炼和培养学生的发散性思维等思维品质。

Unit 2　Lesson 3 Running and Fitness

一、阅读语篇文本分析

该阅读语篇文本取材于新版北师大高中英语教材必修一第二单元Sports and Fitness中的第三课Running and Fitness。该阅读语篇文本主题语境为"人与自我"，依托本单元核心主题"体育与健康"，让读者通过阅读明白规律锻炼的重要性和给身体带来的好处，并且进一步了解常规身体锻炼方式中最受欢迎且不受太多限制的运动项目——长跑。文章属于应用文，以Jeremy的询问信件作为序言，信件中Jeremy简单叙述了自己经常生病且体育课成绩糟糕带给自己的烦恼，并询问是否可以通过长跑提高身体素质。Dr. Martin在回信中共分三个部分回复了Jeremy：第一部分介绍长跑属于一项比较普及且亲民的体育运动项目，不需要特殊的装备和要求，只需要一双合脚的跑鞋就可以随时随地开始锻炼；第二部分分别从身体层面和精神层面详细说明了长跑带给人的益处；第三部分从专业医生的角度给出了为避免长跑过程中的运动伤害需要注意的事项，包括准备活动和跑步结束后的放松等。文章语言文字质朴，没有过多的修饰，符合应用文体的特点；内容简单明了，结构清晰合理，从观点到好处再到注意事项层层剖析，考虑全面翔实。阅读语篇文本模拟在线网站"Ask Dr. Martin"的情境，以Dr. Martin的口吻对Jeremy有关自身身体素质等方面的问题进行了回复，让读者感受到语言运用的真实背景和环境，进一步让读者了解除语言知识和文化内涵以外的应用文体撰写规则等知识。

二、学情分析

本节高中英语阅读课的教学对象是市区省示范高中高一年级的学生。学生入校时的英语成绩均较为突出，他们在三年的初中英语系统学习中已经积累了一定的词汇、语法等语言知识，具备一定的分析问题和解决问题的能力。授课班级的学生参与课堂活动的热情非常高，思维也非常活跃，表现欲强，在遇到他们非常熟悉的"跑步与健身"的话题语境时都能有话可说，有事可讲。当然，作为高一起始年级的学生，他们虽然经过了一个月左右的高中英语学习，基本了解了高中英语课堂形态，但由于接触高中英语课程体系的时间不长，对高中英语阅读课堂上的常规教学模式还不是非常熟悉和适应，如接近全英文的课堂教学、泛读和精读的结合、教学任务活动的安排意图等。此外，学生在阅读语篇文本材料的信息提取、处理和加工的过程中，往往只停留在阅读语篇文本的表层内容，缺乏深度思维。针对这些特点，教师需要在本节高中英语阅读课教学设计中添加一定的深度思维训练，引导学生积极进行深度思考，透过阅读语篇文本的表层内容挖掘其深层含义。该授课班级学生的英语素养整体较好，但也存在部分英语学习能力薄弱的学生，需要教师在课堂任务活动实施过程中给予特别的关注和适当的引导，在他们进行任务活动展示的过程中给予足够的耐心或适当降低任务活动难度，让他们也能体验成功的喜悦，从而帮助他们增强学习英语的信心。

三、教学目标分析

在本节高中英语阅读课讲授结束后，希望学生能在语言能力、思维品质、文化意识和学习能力等英语学科核心素养的基本方面达成以下目标。

1. 语言能力

（1）熟悉、掌握与本节阅读课主题"跑步与健身"相关的词汇和短语。

（2）阅读并能谈论有关"长跑"的综合性阐述。

（3）依据提示快速筛选出阅读语篇文本中相应的具体信息，并能通过思维可视化图示进行展示。

2. 思维品质

（1）逐级填充并完善阅读语篇文本材料的思维可视化图示。

（2）理解长跑和健身带给人们的好处和练习的注意事项，并能通过思维可视化图示对阅读语篇文本进行简要复述。

3. 文化意识

（1）了解体育和健康之间的关系，认识到体育运动的重要性。

（2）培养参加常规锻炼的意识，提高对长跑运动的认识，积极参加体育运动。

4. 学习能力

（1）通过泛读和精读的结合，根据任务活动要求在阅读语篇文本中找出具体细节信息。

（2）培养和发展学生合作探究的学习能力。

（3）学会设计和绘制思维可视化图示来展示阅读语篇文本中的具体内容。

四、教学策略和方法

本节高中英语阅读课的中心主题是学生比较感兴趣的体育类话题，学生参与的热情非常高，教师需要以适当的问题设计为导向，在英语学习活动观的指导下，重点突出学生在课堂任务活动中的主体地位，以"串联主持"的身份通过各个教学环节中的任务活动设计，逐步引导学生完成对阅读语篇文本内容的阅读学习。思维可视化图示的运用可以根据课堂任务活动实施过程中的动态生成，决定是由教师进行绘制指导还是由学生独立或通过小组讨论进行创造性绘制。在课堂任务活动预设上，教师在刚开始的Warming up环节给出思维可视化图示之一的树状图，激活学生的思维，以信息填充的方式进行任务启发，让学生了解思维可视化图示的绘制思路和方法，也为后续的课堂任务活动的实施留出更多的时间。在阅读语篇文本材料主体部分即Dr. Martin的信件回复，教师通过问题逐步引导学生创造性地绘制该阅读语篇文本的整体思维可视化图示，学生可以独立创作，也可以进行小组合作探究。在这样的氛围中，学生的思维得到了锻炼，分析问题和解决问题等学习能力得到了提高，英语学科核心素养得到了增强。特别需要注意的是，虽然课堂任务活动中的学生主体地位得到了凸显，但教师的适时指导亦不可或缺。在学生完成课堂任务活动的过程中，教师要善于纵览全局，从宏观的角度进行观察，如果发现学生在学习探讨过程中遇到困难，要适时给予关心和帮助。

五、教学过程分析

Step 1：热身活动，激活思维

头脑风暴这个教学环节的设置是希望全体学生从自身学习和生活的实际出发，回想自己身上或者身边人身上的一些健康问题，并通过思维可视化图示之一的树状图进行展示。这样的任务活动设计虽然有一定的负面情绪在其中，但这正为本节高中英语阅读课后续的主题内容做好了铺垫，以使学生在完成阅读语篇文本材料的学习后的感悟更加深刻。树状图的运用为学生的发散思维提供了充足的空间，学生可以天马行空，任意发挥。随后，教师引导学生转换负面情绪，思考如何解决这些健康问题。

设计意图："跑步与健身"是学生日常学习和生活中最为熟悉的话题。为了能够顺利导入这个主题，教师从"健康问题"入手，将学生的注意力迅速转移到英语阅读课堂上来，给学生强烈的思维冲击。通过对健康问题的逐一列举，让学生意识到原来身边有这么多或隐性或显性的健康威胁，并通过问题的积极引导，唤起他们通过体育锻炼改善这些健康问题的欲望，为阅读语篇文本的学习做好情绪铺垫。

Step 2：解决问题，罗列优势

学生在热身环节已经通过教师的问题引导意识到通过积极参加锻炼可以在一定程度上解决健康问题，该环节课堂任务活动的设计将进一步启发学生思维。教师用问题"What are the advantages of exercising regularly?"突出经常锻炼给身体和精神带来的好处，学生借助思维可视化图示之一的气泡图将经常参加锻炼的优势逐一列举出来。

设计意图：该环节课堂任务活动的设计旨在让学生进一步发散思维，挖掘思维潜力。学生在罗列经常锻炼给自身带来的益处的同时，一方面能意识到经常参加体育锻炼在改善身体素质、解决健康问题方面发挥的重要作用，另一方面会积极思考哪些体育运动项目是自己可以经常参加以改善自身身体素质的，这样教师就能顺利导入本节高中英语阅读课的主题"Running and Fitness"。

Step 3：泛读精读，思维视图

在导入教学环节完成之后，教师根据本节高中英语阅读课所提供的阅读语篇文本素材的特点以及主题语境，以英语学习活动观为指导，以问题为导向，充分贯彻英语学科核心素养的培养要求，设计了以下几个任务活动。

任务活动一：快速阅读，理清人物关系。

教师将利用前两个教学环节中探讨的结果，引导学生阅读16岁的Jeremy在网站"Ask Dr. Martin"上发出的一封咨询信件，请学生根据信件的具体内容，运用合适的思维可视化图示工具展示咨询信件的框架，即Jeremy在学习生活中遇到的问题以及每个问题所表露出来的真情实感。

设计意图：教师希望学生能通过思维可视化图示的绘制，提高分析、处理和加工阅读语篇文本信息的能力，加深对该部分阅读语篇文本材料的理解。学生在教师的引导下，逐步将Jeremy的健康问题及其对应的情绪通过思维可视化图示的直观形式展示出来，这能在一定程度上促进学生对阅读语篇文本的深度理解，有利于其归纳总结能力的提升，锻炼和培养了其聚合思维和概括思维的能力。

任务活动二：顺势而为，语篇预测。

教师可以以Jeremy提出的问题为导向，为学生创设真实的语言运用环境，请学生在以上各任务活动环节的基础上，假设自己是Dr. Martin，拟出回复Jeremy咨询信件的框架结构，即对接下来的阅读语篇文本内容进行预测。

设计意图：从本节高中英语阅读课开始，学生就对其将要探讨的主题"Running and Fitness"（跑步与健身）就保持着较高的参与热情，求知欲非常强烈；在Jeremy咨询信件的铺垫下，学生也急于了解Dr. Martin会如何回复。所以，教师再一次将课堂还给学生，也是为激发学生的创新思维，提出回复信件的主体结构，为后续的阅读语篇文本框架结构的搭建铺路搭桥。

任务活动三：细读文本，处理细节。

在初步预测回复信件的框架搭建好之后，请学生仔细阅读文本材料具体内容进行验证，并就回复信件中的第一部分内容进行信息提取并填充完善思维可视化图示中的具体细节内容；对于回复信件中的第二部分和第三部分内容，鼓励学生也采取精读的方式进行阅读学习，并逐一根据框架主题在阅读语篇文本材料中提取细节信息，进一步填充完善整体思维可视化图示。

设计意图：该课堂任务活动环节设置继续突出学生在课堂任务活动中的主体地位，充分相信学生的学习能力，通过在阅读学习过程中对思维可视化图示中"观点、好处和建议"三部分信息的不断完善，以问题为导向，启迪学生的思维；以图示信息为提示，培养学生的创新思维能力，真正落实英语学科核心素养中对思维品质培养的系列要求，发展学生灵活创新地运用思维可视化工具的能力。

Step 4：总结提升，逻辑表述

在高中英语学习过程中，除了需要进行一定的词汇和语法等基础语言知识的学习外，更重要的是运用学习到的语言知识，即以语言的大量输入为前提，最终达到语言输出的目的。本节高中英语阅读课通过多元的系列思维可视化图示形式展示了阅读语篇文本的具体内容，在锻炼学生思维能力的同时，进行了大量的语言知识铺垫。在此环节的实施过程中，教师设置了两个不同的任务活动：一是请学生基于Dr. Martin回复信件的具体内容，继续发散思维，谈论长跑能带给人们的其他好处；二是请学生充分利用最后完成的有关回复信件的整体思维可视化详细图示，进行阅读语篇文本内容的复述。这样做一方面能够锻炼学生的语言运用能力，另一方面能培养学生的概括思维。

设计意图：思维可视化图示的完整呈现既是对阅读语篇文本的高度概括，更是学生积极思考、不断发展思维能力的结果。为了提高这一学习成果的利用率，教师在本教学环节设计的两个任务活动由简单到复杂，有概括、有发散，逐步引导学生进行语言输出，让学生进一步巩固本节英语阅读课的主题内容，同时让学生发散思维，进一步思考长跑带给人们的好处。

在作业设计环节，考虑到本节高中英语阅读课堂上的教学时间有限，使得部分小组无法完成其思维可视化图示，教师让学生课后继续根据阅读语篇文本内容完成小组的思维可视化图示，培养学生拓展思维的能力，即让学生推荐另外一个体育运动项目，并绘制出相应的思维可视化图示展示这个体育运动项目带给人们的好处。

Unit 2　Writing Workshop：The Final Sprint

一、阅读语篇文本分析

该阅读语篇文本取材于新版北师大高中英语教材必修一第二单元Sports and Fitness中的Writing Workshop部分有关"The Final Sprint"的记叙型小故事。该阅读语篇文本主题语境为"人与社会"——运动精神的最佳呈现，以竞技体育中的自行车比赛为故事背景，通过在冲刺阶段位列第三名的Ismael Esteban的自行车出了故障后，位列第四名的Agustin Navarro做出的决定，凸显友爱互助的主题。整篇故事共分为四段：第一段为故事背景，简单地用两句话介绍了整个故事的发生环境是观众们翘首企盼的西班牙自行车比赛的决赛冲刺阶段；第二段紧接着写了故事的起因，即处于第三名的选手Ismael Esteban在仅仅领先第四名选手Agustin Navarro三百米时，自行车突然坏了，使得Esteban决定将自行车扛在肩上冲刺跑向终点；第三段达到了故事的高潮，即暂时位列第四名的选手Navarro虽然明知道可以追上并超越Esteban，却最终选择减慢速度并跟随在Esteban身后，一直到终点也没有超过他；第四段则在叙述的基础上给出故事的结局，即这两位运动员都极好地体现了在竞技运动中除了要有公正的竞技精神也要有人与人之间的友爱互助精神。整个阅读语篇文本在故事叙述上的起承转合非常明显，语言生动质朴，记叙文的主题意义也很鲜明，可以促进学生在阅读后进行积极思维，结合自身学习、运动和生活的经历，产生积极的情感共鸣，落实英语学科核心素养的相关培养要求。

二、学情分析

本节课的授课对象为市区一所省重点示范高中的高一学生。这个阶段的学生已经掌握基本的语法体系并具有适量的英语词汇积累，整体英语语言知识掌握得较好。因此，学生阅读此类较短阅读语篇文本的难度相对较小。此外，学生在教师的指导下已经基本适应在小组讨论环节用英语进行积极思维，在思维可视化的尝试过程中，也基本能根据阅读语篇文本的类型和结构采取合适的图示或图示组合的外化形式进行阅读语篇文本脉络梳理和信息重组，以加深对阅读语篇文本的深层理解。本节高中英语阅读课旨在通过该阅读语篇文本的阅读，引导学生采取自主探究式的学习模式掌握阅读语篇文本的结构和具体细节，并能运用图示结构展示语篇架构和自己的思考过程，促进学生学习能力的综合提升。

三、教学目标分析

在本节高中英语阅读课讲授结束后，希望学生能在语言能力、思维品质、文化意识和学习能力等英语学科核心素养的基本方面达成以下目标。

1. 语言能力

（1）了解故事型记叙文的基本写作要素。

（2）借助思维可视化工具，通过信息查找和重组能快速掌握阅读语篇文本的主旨大意。

2. 思维品质

学生通过具体的思维可视化工具呈现出来的语篇信息和架构，在丰富的课堂活动组织过程中，能够快速准确地抓住阅读语篇文本中故事的起因、发展、高潮和结局，分析阅读语篇文本的内容和故事型记叙文的写作要素，并能自己制作图示呈现故事脉络和用英语流畅地表达自己的观点，尝试在语言输出环节运用本节课所学习的内容绘制自己的故事图示并完成自编故事的创作，以此达到培养和发展学生分析问题的能力和创造性思维能力的目的。

3. 文化意识

鼓励学生通过该阅读语篇文本的学习，结合自身的学习、运动和生活中的相关经历，理解运动中比获胜更难能可贵的品质和真正的体育精神。

4. 学习能力

鼓励学生在英语阅读学习过程中运用小组讨论、探究归纳等学习方法，用思维可视化工具对阅读语篇文本脉络和自己的思考过程进行展示，从而锻炼自己的思维品质，提高合作能力等英语学科核心素养。

四、教学策略和方法

本节高中英语阅读课教学始终坚持以学生为主体，将身边触手可及的运动会口号引入主题，让学生带着青春的激情和对主题的好奇阅读语篇文本的具体内容；再通过教师逐步的引导，以建构主义理论为出发点，进行鼓励式教学，让学生探究故事型记叙文的写作要素，通过搭建思维可视化模型展示语篇具体内容和脉络；以英语学习活动观组织课堂教学活动，在不同的活动设计中通过思维可视化工具有效呈现思维过程和思考方法，推动高中英语阅读课程讲授的顺利完成，同时促进学生在课堂多样且由易到难的梯度活动过程中提高英语语篇阅读兴趣，增强在英语语篇阅读中获取信息的能力，以及灵活使用思维可视化工具展现阅读语篇文本信息和脉络的能力。

五、教学过程分析

Step 1：写奥运口号，感知"新"原因

上课之初，教师运用刚刚结束的东京奥运会引导学生讲出本届奥运会的口号，并请学生尝试回答："Why has the old slogan 'Faster, Higher, Stronger' been changed into the new one 'Faster, Higher, Stronger, Together'？"

设计意图：引导学生主动探究奥运会口号改变的原因，同时为本节语篇文本阅读课的材料主题意义的理解埋下伏笔，促使学生在完成本节阅读课时引发对语篇文本材料的共情，增强学生的主题意识。

Step 2：读文本素材，快速找出基本要素出处（表1）

表1

Question	Who	When	Where	How	Result
Paragraph					

教师鼓励学生快速浏览全文，借助以上活动在阅读中迅速找出故事类阅读语篇文本的基本要素。教师在本次活动中可以鼓励学生以互帮互助的形式通过

交流分享给出结论。

设计意图：了解故事类文本的基本要素是阅读这类文本的关键。鉴于此，在阅读中找寻这些要素既有利于学生后面对阅读语篇文本的分析，也有利于学生对语篇的把握。同时，利用表格图示可以让学生清晰感知通过图示演示可以高效地将整个阅读语篇文本脉络清晰地呈现出来，为后面学生创作图示做好铺垫。

Step 3：基于要素出处，挖掘要素具体信息（表2）

表2

The Final Sprint	
Setting	The final sprint of the Santa Barbara XV Grand Prix cyclo-cross race in Spain
Characters	
Development	
Climax	
Ending	

教师请学生再次精读阅读语篇文本的全文，并独立地从该文本的setting、characters、development、climax和ending五个部分来挖掘故事要素的具体细节。同时，再一次利用表格图示的形式展示学生的结论。

设计意图：本次活动任务是上一个活动任务的拓展和延伸，一方面可以引导学生加深对语篇的理解，另一方面能促使学生进一步了解故事类文本的整体发展脉络。同时，在结合故事素材给出结论时，以图示形式展示，可以进一步培养学生处理信息的能力，并且可以锻炼学生的语言表达能力，从而大大提升学生的语言迁移运用能力，为日后不断形成出色的独到思想和见解并言简意赅地将其表达出来埋下伏笔。

Step 4：鉴于要素信息，绘制故事图示

教师请学生两人一组，结合之前提炼的文本要素信息以及下面四个问题，绘制故事发展脉络图。

Q1：What's the setting of the story?

Q2：How does the whole story develop?

Q3：What happened to the main characters?

Q4：What's the ending of the story?

在学生绘制完成后，教师可以先给出一个自己绘制的桥形图的例子并进行演示（图2），再请不同小组来展示。

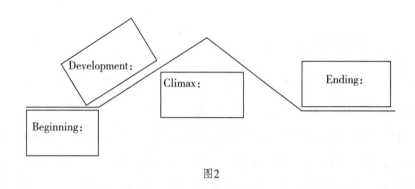

图2

设计意图：在经过前面的大量分析之后，教师需要了解和关注学生是否真正理解了文本素材的基本信息，因为这是本课教学的重难点。本次教学利用两人合作的任务活动形式，既有助于学生进一步巩固和总结对文本脉络的理解，也有助于学生培养团队合作意识。同时，在进行多次图示填空后，自己动手绘制图示，有利于学生更好地理解、记忆和运用语言知识，为后期的写作奠定基础。

Step 5：基于分析结果，实现迁移创作

在对文本素材进行大量分析总结后，教师请学生根据故事类文本的基本要素信息，绘制自己即将分享的小故事图示，接着请学生将自己绘制的故事图示进行展示并进行同伴互评。在展示和互评完成后，每个学生开始着手书写自己的小故事并将未完成的小故事作为当日作业。

设计意图：在阅读基础上积累的语篇认识和语言成果是写作的重要基石。通过之前任务中对已读故事要素的梳理，进行相关联的知识迁移并绘制出自己小故事的图示，将写作中"隐性的"思维转变成"可视的"图示进行展示，有利于学生自己更好地罗列出故事要素，更有利于学生在评价中互相给出有效的指导建议，从而使得学生可以自己查漏补缺，提升逻辑思维能力，并从宏观上对写作的整体思路进行把控。

Unit 3　Lesson 1 Spring Festival

一、阅读语篇文本分析

该阅读语篇文本取材于新版北师大高中英语教材必修一第三单元Celebrations中的第一课Spring Festival。单元的主体内容为文学、艺术与体育之传统节日，该阅读语篇文本主题语境为"人与社会"，是一篇记叙文，由三个部分组成，即三位讲述人分别叙述自己关于春节的经历。第一篇：Tom Jenkins是现居于南京的一名交流生，根据时间顺序有条理地讲述了自己在中国春节期间的经历和感受，介绍了他眼里的春节习俗及其寓意，如扫尘、贴福字、燃放爆竹、吃团圆饭等。第二篇：在上海工作多年的28岁工程师徐刚会在春节到来前拿出几周的时间进行筹备，以迎接这个一年当中最重要的节日。无论路途多么遥远，"回家"是亘古不变的主题。当走下火车听到乡音的那一刻，漂泊在外的心瞬间找到了归处。归家后分享家长里短、围坐火锅旁迎接并庆祝新年到来，让久未见面的一家人感受彼此的温暖，更加珍惜这难得的团圆。第三篇：70岁退休在家的李燕奶奶为了迎接儿孙回家过年，变得忙碌起来。对李奶奶而言，春节就意味着家庭团聚带来的快乐。

三个语篇虽独立成篇，却又互为补充。阅读语篇文本中的重点词汇主要涉及春节，如attach the Chinese character Fu upside down，let off fireworks，scare away the monster，plan the trip home，be back with the family and talk of old times，a sign of our wishes for health and happiness等。三个阅读语篇文本将事实性信息和对春节的习俗、意义、传统故事以及过节流程的叙述有机地整合在一起，使读者对春节有了全面的认识，更能让读者全面了解春节对于国人的意义以及家庭在国人心中的地位。

二、学情分析

本次高中英语阅读课的教学对象为高一的学生。这个阶段的学生的英语语言知识基础较为扎实，认知能力以及学习能力都有较大程度的提高；在熟悉高中新教材每个单元的构架和安排之后，能够在一定程度上运用英语思维来思考英语学习中遇到的各种问题。本节课所选取的高一年级学生的整体英语水平为中等，班级中大部分学生能快速有效地对教师组织的课堂活动做出恰当的反应，具有合作意识且表现欲高涨。根据这些特点，笔者采用活动任务型的教学设计，意在通过学生间的互动来完成基本的教学任务，高效地达成教学目标。针对部分基础不扎实的学生以及对英语有惧怕心理的少数学生，则设置了不同层次的任务活动并进行引导，通过师生互动、生生互动加强交流，最终使他们在原来的基础上得到提高。

三、教学目标分析

在本节高中英语阅读课讲授结束后，希望学生能在语言能力、思维品质、文化意识和学习能力等英语学科核心素养的基本方面达成以下目标。

1. 语言能力

（1）快速阅读语篇文本，提取出特定的与春节有关的基础信息。

（2）谈论春节的传统习俗和常规活动，以及这些活动代表的意义。

2. 思维品质

（1）获取与春节相关的事实性信息，如节前准备、节日习俗、节中的活动，继而梳理出每个语篇的信息结构图。

（2）通过具体的日期或时间词、动作事件的连接词等来表示事件发生的顺序，并归纳总结春节习俗及过节的大致流程。同时，通过分析三个语篇，梳理出文本的结构化知识图。

3. 文化意识

了解春节的习俗、过节的大致流程及其意义，领悟辞旧迎新、阖家团圆是春节永恒的主题。

4.学习能力

（1）利用已有信息比较并总结出春节对于不同人的意义。

（2）复述课文，并联系个人生活思考春节对于自己的意义。

四、教学策略和方法

本节阅读课的教学将以学生为中心，先利用图片和影像激发学生的学习兴趣，让学生带着问题有目的地去阅读语篇文本具体内容，使课堂教学过程成为学生自主收集所需信息、深度加工信息、提升归纳能力的过程。教师通过演示法把阅读语篇文本的结构和要点借助思维可视化工具最终以思维图示的形式展现出来，便于学生对阅读语篇文本的具体内容进行提炼和信息分类，并从中获得启迪，从而掌握更多的阅读技巧。另外，通过任务驱动教学法，在英语学习活动观的指导下，将要学习的新知识隐含在一个或几个问题之中，学生通过对任务活动进行分析、讨论，在教师的指导、帮助下找出解决问题的方法，最后通过任务活动的完成实现对所学知识的意义建构。学生通过小组协作的方法分析问题、解决问题，进而内化学习成果，比如，在小组讨论过程中，学生乐于表达自己的观点，以此获得英语学习的自信；在班级活动中及时展示优秀成果，收获成功的喜悦，进一步激发学习热情。整个教学过程中，教师会适时介入，给予启发、帮助、鼓励等，随堂进行小组指导，参与学生的讨论以协助学生解决学习过程中遇到的困惑及难题。

五、教学过程分析

Step 1：创设情境，导入主题，调动学生积极性

首先，教师在导入阶段借助多媒体展示人们热闹过新年的图片，引导学生用课文中的新词汇描述图片，通过该活动环节的设置和教师提出的问题"What immediately comes to your mind when it comes to Spring Festival?"帮助学生在情境中认知和理解新词汇，并借此激活学生与春节有关的基础词汇储备；其次，教师在输出足够多的与春节相关的词汇储备后，趁热打铁，接续抛出问题"How do you and your family celebrate Spring Festival?"引导学生进入本课主题

内容的学习。

对于第一个问题，学生肯定会有各自的见解，因此会有不同的回应。对于第二个问题，学生会思考春节的相关习俗及其蕴含的寓意，在认知词组（如 to have a family gathering，to make dumplings，to put up decorations，to let off fireworks...）的同时为接下来的阅读语篇文本的学习打下基础。

设计意图：导入环节不仅能帮助教师利用有限的时间最大限度地吸引学生注意力，激发其学习兴趣，也能顺其自然地引出本节课的教学主题。

Step 2：合理安排，有序推进，提升阅读理解力

（1）在阅读语篇文本具体内容之前，请学生简单浏览阅读语篇文本的各个标题以及三幅图片，并据此来预测阅读语篇文本将要讨论的内容。

（2）概括、梳理、整合信息，内化语言，获得结构化知识。基于此，教师设计了以下四个任务活动。

任务活动一：完成关于Tom的思维图示。

第一次阅读：略读。

请学生快速阅读语篇文本第一部分的具体内容，填写Tom的个人信息并概括出春节对于Tom的意义。通过略读技巧的运用，学生基本能了解该部分阅读语篇文本的大意，对其有一个整体认识。

第二次阅读：精读。

请学生采取精读的方式再次阅读语篇文本第一部分的具体内容，梳理春节习俗及其寓意等一些事实性信息（除尘、贴福字、燃放爆竹、吃团圆饭和拜年等），并完成表格内容（表3）。教师检查学生表格的完成情况，并提醒学生标注表示时间顺序的词或短语。

表3

Tom's first time spending Spring Festival in China	
Traditions	Purposes
clean the house	to sweep away the dirt and get ready for the new year
attach Fu upside down to the front door	When Fu is put upside down，happiness arrives.
let off fireworks	scare away the monster Nian

续 表

Tom's first time spending Spring Festival in China	
Traditions	Purposes
enjoy a big dinner	have a family gathering
wish everyone a happy new year	wish for health and happiness

结束信息梳理之后，鼓励学生尝试绘制与Tom Jenkins相关的思维图示（图3），并对该部分阅读语篇文本的信息进行重组。如果学生觉得有难度，教师可以给出示例，以便为后面两个阅读语篇文本思维图示的顺利完成做出示范。

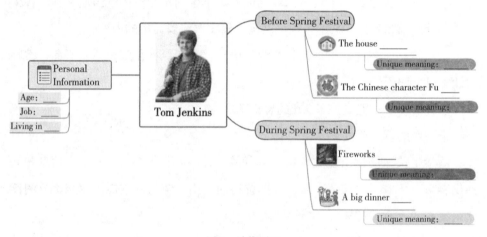

图3 思维图示

这部分任务活动的设置是为了考查学生能否通过思维图示的形式把握阅读语篇文本主体信息，了解学生是否读懂了阅读语篇文本的具体内容。题目设置难度不是很大，主要是为了让学生能够循序渐进地学习，增强英语阅读的自信。

在完成第一篇阅读语篇文本的学习后，教师引导学生将略读和精读两种阅读方法应用于后面两篇阅读语篇文本。

任务活动二：完成关于徐刚的思维图示。

学生第一遍略读阅读语篇文本第二部分的具体内容，填写徐刚的个人信息并概括出春节对于徐刚的意义。

学生第二遍精读阅读语篇文本第二部分的具体内容，梳理徐刚节前做的一些准备及回家过年系列活动的事实性信息（订票、选礼物、和父母聊天以及吃团圆饭等），并提示学生注意标注表示时间顺序的词或短语（表4）。

表4

Xu Gang's Spring Festival with his family	
Preparations before Spring Festival	
Activities during Spring Festival	

结束信息梳理之后，教师鼓励学生尝试绘制与徐刚相关的思维图示，对该部分阅读语篇文本的信息进行重组。

任务活动三：完成关于李燕的思维图示。

学生第一遍略读阅读语篇文本第三部分的具体内容，填写李燕的个人信息并概括出春节对于李燕的意义。

学生第二遍精读阅读语篇文本第三部分的具体内容，梳理李燕夫妇为迎接儿孙回家过年所做的准备及儿孙回家过年的事实性信息，并提示学生注意标注表示时间顺序的词或短语（表5）。

表5

Li Yan's Spring Festival with her family	
Preparations before Spring Festival	
Activities during Spring Festival	

结束信息梳理之后，教师鼓励学生尝试绘制与李燕夫妇相关的思维图示，对该部分阅读语篇文本的信息进行重组。

（3）回顾阅读语篇文本细节，挖掘其隐含的深意，概括阅读语篇文本的主旨大意。

任务活动四：认真阅读全文三个语篇，找出文中春节情景的生动画面。

这部分是通过任务活动设计把三个语篇文本串联起来，考查学生对阅读语篇文本的整体理解程度，也引导学生找出阅读语篇文本的主旨及写作意图。

设计意图：这一环节旨在让学生通过三个阅读语篇文本的逐一阅读学习

理清事实性信息，在思维可视化图示的帮助下，既能理解各语篇文本的信息结构，又能纵向对比、理解春节的意义，达到锻炼思维，提升阅读学习能力的目的。

Step 3：表达感受，分享观点，开展创造性思维活动

语言教学在传授语言基础知识的同时肩负着思想教育即育人的功能。因此，教师要善于挖掘阅读语篇文本中丰富的文化信息和思想内容。教师所提出的问题不仅可以涉及所学阅读语篇文本的一般事实，还可以联系学生的生活与学习，启发学生思考，使学生对所学阅读语篇文本有更深层次的理解。例如，针对该阅读语篇文本，笔者向学生提出如下问题：

What does Spring Festival mean to you?

Where and with whom did you spend the last Spring Festival?

What preparations did you make?

What activities did you do?

How do you feel about it?

学生以小组合作的形式，思考并交流春节对于自己的意义，再根据自己的实际经历进行叙述，从节日活动、地方习俗、个人感受等方面，加深对春节的了解，促进时其寓意的领悟。

设计意图：这一环节意在鼓励学生发表自己的见解，允许学生争辩，并为学生创设自由、宽松和活泼的讨论氛围，以充分调动学生学习的积极性，激活其思维和情感，使其创造力得以发挥，并帮助其将所学的语言转化为用语言进行交际的能力。

Step 4：及时巩固，提炼精华，提高自主学习能力

学生根据对阅读语篇文本内容的记忆进行信息整理，完成所给出的Summary。

Tom spent his first Spring Festival with his host family. A week before the festival, the host mother _____ the dirt of the house from top to bottom to make it ready for the new year. Fu is attached on the front door to welcome _____. Tom also learned that setting off fireworks was to scare away the monster _____.

Xu Gang usually books the ticket of trains or _____ for his trip home weeks before Spring Festival. When he gets on the train, he is _____ by Shanxi accent. When he gets home, his parents always _____ what happened to the people he knows. Being with his _____ family is the most important part of Spring Festival for him.

Li Yan and her husband are _____. They start preparing for their family's return weeks before Spring Festival. When everyone gets home, their house _____ with activities. One of their favorite family traditions is to make Jiaozi.

Family being together is one of the _____ of Spring Festival throughout history.

设计意图： 把Summary做成语法填空的形式为学生有效完成该项任务活动降低了难度，又提高了学生的理解能力。通常情况下，很多教师都是让学生自己复述，但结果常常不尽如人意，既浪费时间又达不到效果。因为新学的阅读语篇文本本来理解和记忆起来就有一定的困难，要求学生在短时间内复述会给学生增加负担，采取这种形式既提炼了阅读语篇文本的精华，又适当地强调了一些比较重要的语言知识点，可以说是一举两得。

Unit 3　Lesson 3 Memories of Christmas

一、阅读语篇文本分析

该阅读语篇文本材料取材于新版北师大高中英语教材必修一第三单元Celebrations中的第三课*Memories of Christmas*。单元主题内容为不同民族文化习俗和传统节日。该阅读语篇文本是主题语境为"人与社会"的一篇记叙文，主要内容是：奶奶在圣诞节前到来，但作者并不知道奶奶病重的情况。随着圣诞节的临近，节日氛围越来越浓，作者怀着激动的心情与奶奶一起给圣诞老人写信，布置圣诞树，做好准备，期待圣诞节的到来。圣诞节当天，孩子们拆看礼物、堆雪人、追逐嬉闹，一家人聚在一起共同享用圣诞大餐，度过了非常快乐和难忘的时光。虽然奶奶在圣诞节后几周就去世了，但是作者时常回忆起和奶奶共同度过的这个难忘的圣诞节，文中充满了对奶奶的思念。

圣诞节是西方文化中非常重要的一个节日，了解圣诞节是学生体会西方文化的重要途径。学生虽然对西方文化很感兴趣，但是对圣诞节具体的习俗以及一些关于圣诞节的表达方式不是非常清楚和了解。通过本节英语阅读课的学习，学生进一步了解了圣诞节的习俗以及外国人如何庆祝圣诞节；在了解圣诞节在西方文化中的意义的同时，更深入地理解西方文化，进而适当地将中西文化进行对比和结合，提高文化意识，开阔视野，增强文化自信。此外，阅读语篇文本的作者在叙述圣诞节的风俗习惯时融入了温馨的亲情场景，让读者在了解西方圣诞节的同时，更能体会到作者对亲人浓浓的思念之情，感受亲情的可贵。

该阅读语篇文本以第一人称视角，按时间顺序叙述作者与奶奶一起度过的最后一个圣诞节。语篇文本篇幅较长，其中包括很多细节描写，作者和奶奶一起庆祝圣诞节的经历跃然纸上，画面感很强。对圣诞节和奶奶的相关描述有make an effort to help me，（her hand was）slightly shaky，make sugar biscuits，stuff the turkey，have the patience to sing over and over，hang the decorations on the branches，put a stocking at the end of the bed等。阅读语篇文本中安排了两条主线：明线叙述了奶奶搬来以后的一些难忘的事，暗线描述了圣诞节的节日习俗。这两条主线相互交织，把语篇的事实性信息、语言表达方式以及圣诞节节日习俗和对奶奶的回忆有机地整合在一起，使读者对圣诞节和西方的亲情有了全面深刻的认识和体会。

二、学情分析

高一学生已经在初中阶段学习过圣诞节的相关知识，因此，他们对该阅读语篇文本中涉及的圣诞节的主要习俗、庆祝方式、活动流程等知识并不陌生。学生具备一定的词汇和语法基础，有能力获取阅读语篇文本中的基本信息，所以对文本的理解不会出现较大的困难。此外，大部分学生思维活跃，表现欲望较强，富有合作精神。但是，该阅读语篇文本材料的文体属于记叙文，内容含量大，信息较为琐碎，学生对语篇文本的深度分析能力还在建立中，在对语篇的文体结构、语言特点、写作目的等的把握上还需教师大力引导。根据这些特点，教师可采用与《新课标》要求相一致的新的教学方式，即以英语学习活动观为指导的新型活动任务型教学法，以时间为线索，引导学生了解事件的发展，促进对阅读语篇文本内容的理解和挖掘，同时针对阅读语篇文本的篇章进行文体结构的分析，从语言特点、作者的写作目的等方面给学生搭建"脚手架"，帮助学生有效地应用语言、探索主题意义，最终建立学习自信。

三、教学目标分析

在本节高中英语阅读课讲授结束后，希望学生能在语言能力、思维品质、文化意识和学习能力等英语学科核心素养的基本方面达成以下目标。

1. 语言能力

（1）获取描述圣诞节的事实性信息，组建并构成信息群。

（2）通过时间连接词、具体的日期或时间等来表示事件发生的先后顺序，并能按照时间顺序叙述作者与奶奶所做的一些难忘的事。

（3）描述自己对某个节日的记忆，感受亲情的可贵。

2. 思维品质

在丰富的课堂活动组织过程中，学生能够按照情节发展顺序有逻辑、有条理地叙述事件发生的始末，在思维可视化图示的辅助下，能利用阅读文本中的具体描述性信息比较中国春节和西方圣诞节的异同之处，提升分析问题的能力和文化自信，培养和发展正确的价值观以及比较思维能力，全面促进思维品质的培养。

3. 文化意识

通过该阅读语篇文本的学习，学生能够理解圣诞节的习俗，了解西方圣诞节的文化意义，并能从中西方文化的对比过程中，坚定自己的文化自信；在阅读过程中，还应注意领悟"亲情"这一人类永恒的主题。

4. 学习能力

学生能够在本节英语阅读课的学习过程中通过小组讨论、探究归纳等学习方法，用思维可视化工具厘清阅读语篇文本脉络，关注阅读语篇文本材料的结构，能根据阅读语篇文本中的时间线梳理、总结事情发生的先后顺序，培养和锻炼自己归纳、总结等综合学习能力。

四、教学策略和方法

本节高中英语阅读课教学将始终以学生为主体，借助鱼骨图、气泡图等思维可视化图示引导学生积极思维并有条理地梳理阅读语篇文本中的细节内容，一层层地揭开作者关于圣诞节的回忆。在英语学习活动观的指导下，教师从简单到困难逐级设计活动任务，在不同的活动设计中，通过思维可视化工具有效呈现思维过程和思考方法，引导学生逐步探寻阅读语篇文本的具体内容，罗列知识细节，分析阅读语篇文本结构，建立层级联系，最终顺利完成高中英语阅读课程的课堂呈现，促进学生在课堂多样且由易到难的梯度活动中增强英语语篇阅读兴趣，提高从英语语篇阅读中获取信息的能力，以及灵活使用思维可视化工具展现阅读语篇文本信息和脉络的能力。

五、教学过程分析

Step 1：头脑风暴，视频欣赏

在教学课文之前，教师让学生头脑风暴关于圣诞节的庆祝方式，接着播放一段三分钟的视频材料，生动形象地展示西方国家的人们庆祝圣诞节的情景，激发学生对学习内容的兴趣和热情，做到"视听结合，引人入胜"。

在头脑风暴过程中，教师请学生讨论"What do people do in the West to celebrate Christmas?"在此之后，用视频的方式展示西方圣诞节的相关知识背景，并请学生讨论问题"How is Christmas celebrated around the world?"

设计意图：头脑风暴的主要作用为引出该阅读语篇文本话题，使学生对圣诞节的了解和认识以一种直观的方式呈现出来，这既有助于学生对阅读语篇文本材料内容的了解，又能激发学生对本课话题的兴趣。学生在观看视频后表达自己的观点，然后教师根据视频内容进行精要解说，目的是使学生对圣诞节的习俗、庆祝方式有一个整体把握，并意识到圣诞节的流行程度以及在国际上的

影响。

Step 2：语篇文本预测，有的放矢

教师请学生进行语篇文本主旨预测。学生通过阅读语篇文本材料的标题以及研给出的两张图片进行第一印象判定，预测该阅读语篇文本的主要内容，并用一两句话概括出来。

设计意图：通过读前预测，可以引发学生对阅读语篇文本总体框架的关注。根据阅读语篇文本材料的标题、图片、粗线字等，对阅读语篇文本材料的内容进行大概的猜测，能够帮助学生准确定位阅读语篇文本材料的类型，提高学生后续阅读该语篇文本时的速度和准确度。

Step 3：读中教学，梳理具体信息

这一环节的教学内容丰富，重点突出。

（1）学生快速浏览阅读语篇文本材料的全部内容，教师利用手头的学案、思维导图来呈现整个阅读语篇文本，在降低阅读语篇文本阅读难度的同时加深学生对阅读语篇文本主要思想的理解，使阅读语篇文本的阅读教学做到"整体阅读，以读促思"。然后，学生细读阅读语篇文本材料，善抓细节，获取知识，并填写图表，梳理阅读语篇文本材料的线索，突出语言形式，做到"点线相连，形神俱备"。

设计意图：通过泛读，让学生对阅读语篇文本有初步了解，促进学生对阅读语篇文本表层含义的理解，使学生养成良好的阅读习惯，提高阅读技能。在此过程中设置Memorable Events的表格，让学生更有针对性地阅读，降低阅读难度，给学生成功感，增强学生的学习兴趣。

（2）教师先请学生对阅读语篇文本中提及的主要事件根据发生时间的先后顺序进行排列，并用导图来展示圣诞节前后的活动，清晰明了地体现阅读语篇文本材料的两条主线，促使学生思维中产生一个时间轴：November→December→Christmas Eve→Christmas Day。这将有助于高中英语阅读教学循序渐进、层层深入地开展。

设计意图：通过细致阅读梳理作者和奶奶过圣诞节的共同经历，有助于学生深层次把握阅读语篇文本的细节内容，并关注叙事的时间顺序——sequencing。

此外，按照时间轴和排序梳理奶奶的一些活动或行为，有助于训练学生的概括能力，培养学生通过阅读捕捉信息、归纳信息的技能，帮助学生学会分析阅读语篇文本的结构和脉络，并完成对奶奶的往事进行回忆的信息结构图。

（3）学生再次通过小组讨论浏览阅读语篇文本的全部内容，找出表示时间先后顺序的单词或词组并完成时间线的绘制。

设计意图： 这一环节旨在让学生分组讨论在每个时间轴里如何将具体事件进行排序，并标记出具体的方式，了解排序的手法，同时熟悉并学习一些固定搭配及该阅读语篇文本材料中特有的语言表达方式。

Step 4：读后教学，深度思维

学生依据所梳理和提炼的结构化知识，基于时间轴和具体的排序方式，谈论作者对奶奶和圣诞节的回忆，重组语言进行表达，内化所学语言知识与相关信息。教师充分发挥学生的主观能动性，调动学生的创造性思维，开发学生的潜能，使学生主动参与深层次阅读，检测学生对阅读语篇文本的掌握情况。在此环节当中，教师需要多鼓励学生进行问题探究性学习，通过整合、加工信息来阐释作者的写作意图，使阅读语篇文本教学的多维目标得以实现。

（1）Work in groups and discuss the questions.

Q1: Can you find any hints in the story that suggest Grandma was in poor health condition?

Q2: Did the writer notice it at that time?

Q3: How did she feel after Grandma passed away?

Q4: Why does the writer think of her grandma every Christmas?

Q5: What can you infer after reading the story?

设计意图： 在深入理解阅读语篇文本内容的基础上，通过分组讨论并交流奶奶健康情况恶化的迹象以及作者每个圣诞节忆起奶奶的原因，引导学生发现阅读语篇文本材料中隐含的细节，启发学生推断作者的想法，体会作者的心情并展示奶奶对作者倾尽全力的爱。

（2）Work in groups.

Use the subjects，verbs or verb phrases and adverbial phrases in the circles from

Exercise 5 to make sentences about the writer's memories of Christmas.

设计意图：通过完整的句子表述圣诞节发生的具体事件，帮助学生体会句子的基本结构，奠定语言基础，为之后的学习做好准备。

Step 5：迁移与创新

基于作者写作该阅读语篇文本材料的目的，学生发表对magical一词的看法。根据梳理出的圣诞节节日习俗，学生补充圣诞节的其他节日习俗，加深对圣诞节的了解。结合本单元Lesson 1的知识，教师让学生分组比较春节与圣诞节的异同，不仅开拓了学生的思维，锻炼了学生的语言表达能力，而且通过这项活动引导学生尊重各国文化的异同。

（1）Work in groups and read the last paragraph. Think about the question： Why does the writer think Christmas is "magical"？

设计意图：这一环节有助于学生理解阅读语篇文本的主旨，体会并理解故事中人物的情感态度，进而升华至现实生活中人类的情感。

（2）Compare Spring Festival and Christmas.

设计意图：联系本单元Lesson 1所学的知识，对比中国春节与西方圣诞节，探讨两者之间的异同点，有助于锻炼学生的发散性思维，培养学生对不同文化的欣赏和认同，坚定其文化自信。

（3）Tell your group members about your festival memories.

设计意图：这一环节旨在让学生联系自身经历，利用阅读语篇文本材料中的叙事手法、细节的刻画方式，回忆自己难忘的节日经历，表达对家人的情感。

Homework：

Write a composition about your childhood memory that is "magical". Remember to use sequencing to make your writing fluent and organized.

设计意图：引导学生再次体会作者深切的情感，训练学生运用本课中学到的语言知识、词汇、写作手法，提升学生的写作水平，使"听、说、读、写"在英语阅读课的教学中融为一体。

Unit 3   Writing Workshop：An Event Description

一、阅读语篇文本分析

该阅读语篇文本取材于新版北师大高中英语教材必修一第三单元 Celebrations中的Writing Workshop部分中的文本输出环节——有关"An Event Description"主题的阅读写作课型。该阅读语篇文本主题语境为"人与社会"。本课时的课程内容包括三个部分，即Read for writing，Focus on structure and language，Compose your writing，读写结合、以读促写。语篇文本阅读部分创设了作者一家人为爷爷过70周岁生日的感人画面：一大早，家里人开始为庆祝生日做准备，妈妈在厨房准备生日大餐，作者精心为爷爷准备了一个有关他生平事迹的视频，爸爸请来了爷爷中学时的同学（都是70多岁的老人），最令人感动的是屏幕上出现了爷爷和老同学穿校服的老照片，整个聚会充满了欢声笑语和感动。整个教学过程围绕这一故事情境展开，其中所涉及的一家人为筹备生日活动而忙碌、迎接客人到来、生日会上回忆旧时光的诸多场景都是学生了解或亲身体验过的。学生可以根据自己的实际情况选择自己喜欢的内容去组织话题，在熟悉并掌握叙事类文章写作方法的前提下，完成自己的写作目标。

本课阅读语篇文本的教学在整个英语课程价值实现中具有重要的作用，新课标建议教师通过创设接近实际生活的各种语境，采用循序渐进的语言实际活动以及各种强调过程与结果并重的教学途径和方法，培养学生用英语做事情的能力。本节高中英语阅读课的语篇文本材料很好地体现了这一点：场景描写来源于实际生活，事件内容贴合人物角色设定，情感能快速引起读者共情。

二、学情分析

本节英语读写结合课的教学对象为高一起始年级的学生，他们英语水平中等，具有自主、独立的心理特征和较强的求知欲；在知识储备方面，已具有写作所需要的基础词汇量和语言理解能力，能够掌握所给阅读语篇文本的大意并能提取相应的细节信息，而且大部分学生具备了小组合作学习的能力和一定的综合运用英语进行写作的能力。另外，本节高中英语读写结合课是在基本完成本单元教学内容的前提下进行的，学生对本单元的知识已经基本掌握，对如何讲述故事内容并不陌生。此外，本节高中英语读写结合课的写作话题非常贴近学生生活。因此，在对话题和知识两方面都比较熟悉的情况下，学生练习写作的参与度与积极性很高。通过阅读语篇文本阅读、写前准备、自主搜集材料、课堂上小组讨论、写后展示等一系列活动，整体学习气氛相对热烈，学生的写作兴趣浓厚。

英语基础较好的学生能够积极主动地参与到写作活动的各个环节，在教师的引导下，逐渐过渡到开放式的写作练习，从词汇短语到句子表达，再到形成文章，实现了写作能力的提升。基础不好的学生对记叙文的语言以及连接词的使用还不能很好地把握，需要在小组合作中得到更多的帮助，教师适当地提供一篇可供仿写的文章对他们来说作用更大。此外，学生在课前搜集相关信息，有助于不同基础的学生完成本节高中英语读写结合课的学习内容，实现学习目标。

三、教学目标分析

在本节高中英语阅读课讲授结束后，希望学生能在语言能力、思维品质、文化意识和学习能力等英语学科核心素养的基本方面达成以下目标。

1. 语言能力

（1）能够正确运用叙事型记叙文写作过程中常用的表示顺序的连接词进行写作，如first，then，after that，finally等。

（2）完成一篇叙事型短文，描写自己经历过的感人的庆祝活动。

2. 思维品质

通过本节高中英语读写结合课中不同层级的任务活动安排以及小组合作探究等学习方式，促进学生积极思维，并能恰当地使用叙事型记叙文写作过程中常用的顺序连接词描述节日；借助思维可视化图示进一步明白写作顺序，明确写作内容，为语言输出部分即写作做好准备。

3. 文化意识

通过对本节高中英语读写结合课中所提供的阅读语篇文本材料的学习和讨论，进一步引导学生从生活中的平凡事例中感受温暖人心的亲情和友情。

4. 学习能力

（1）归纳、总结叙事类阅读语篇文本的结构和语言特点。

（2）掌握叙事类记叙文的写作方法，完成叙事类记叙文的写作和展示。

四、教学策略和方法

按照高中英语读写结合课教学的流程将本节课教学分为三大部分：学习并分析与写作话题相关的阅读语篇文本内容，口头输出写作话题的相关内容，笔头输出话题作文。本节高中英语读写结合课以学生为主体，每个环节都使学生在教师的引导下注意新旧知识的联系与梳理，一步步实现写作能力的提高，并且在这一过程中通过一系列的问题抢答、小组合作等活动，发展创新能力和互助合作的能力。

五、教学过程分析

Step 1：读前热身

教师告知学生本节高中英语读写结合课的主题是"A celebration event"，鼓励学生用英语说出他们所想到的庆祝活动，再从这些庆祝活动中选择一个自己想与同伴分享并能够进行写作的活动，同时给出部分细节。在此活动中，教师从学生的已有知识入手，唤醒学生与主题相关的记忆，激活学生的思维。学生的思维一旦被激活，往往能比教师的思维更宽、更广。学生积极思考、踊跃发言，说出自己所知道的celebration events（如a wedding, a graduation ceremony, Spring Festival, Mid-Autumn Festival, a birthday party, an anniversary, New Year's Day等）以及相关细节活动（如，exchange gifts, make a speech, send good wishes, let off fireworks等）。学生想说的词汇若不能用英语表述，则由教师给予帮助。

Students discuss with partners：

· What celebration do you want to write about and why?

· What details do you want to include?

设计意图：创设情境，引入主题，激活学生已有语言知识和生活经历，同时让学生充分发挥想象力，发散思维，促进学生相互交流、彼此借鉴，也为写作环节做词汇准备。

Step 2：文本赏析

在Read for writing环节，学生在自己的能力范围内完成对文本的剖析，从故事的主要情节、人物感受、事件的影响等方面感知叙事文的写作风格，继而试着梳理语篇文本的框架、叙事修辞手法，为后面的写作做充足的准备。

以读促写是写作的重要途径，阅读是语言材料输入的过程，写作则是把吸收的语言材料输出的过程。学生通过阅读语篇文本材料的学习、问题讨论、相互交流接收大量的信息后，对阅读语篇文本主题进行深入的思考，对阅读语篇文本的框架和写作手法予以归纳，对阅读语篇文本中蕴含的情感形成初步的感知和体会。同时，阅读语篇文本的学习和不同层次的讨论为学生提供了语言支持，使学生能用英语进行表述，把具体的信息内化为可用于写作的素材，知道在后面的语言输出过程中能够写什么以及应该如何写。

（1）Read the description and answer the questions.

· Whose birthday was it?

· What did the family do to prepare for it?

· What gift did the writer make?

· How did Grandpa feel and what did he say?

设计意图：学生快速浏览阅读语篇文本材料的具体内容，找出关键信息who，why，where，what，how。这有利于学生准确读懂故事，掌握叙事类阅读语篇文本的主要内容，为后续仿写做准备。

（2）Try to place the phrases in the correct order：Then add details.

| Preparations before the event | Feelings about the event |
| The best part of the event | Introduction to the event |

Paragraph 1. _____	{ details:... }
Paragraph 2. _____	{ details:... }
Paragraph 3. _____	{ details:... }
Paragraph 4. _____	{ details:... }

设计意图：学生将这四个短语表达的事件按照时间顺序排序，实则是给阅读语篇文本的四个段落匹配上相应的段意。添加细节旨在有意引导学生发现叙事类阅读语篇文本中至关重要的时间词以及顺序连接词。

（3）Get an outline.

Students are guided to lead in the key words of each paragraph：the introduction，the beginning，the development，and the conclusion.

设计意图：在排序之后，教师可提供其他范例，引导学生自己发现语篇文本的框架，并试着画出此类叙事文的框架结构。此过程不仅能培养学生整体阅读的能力，也能锻炼学生的抽象思维能力。

（4）Read the description again and underline the words used to link sentences and paragraphs. Then，write 2—3 similar sentences for the writing.

设计意图：引导学生总结叙事类语篇文本写作的语言特点、时间词和顺序连接词的使用，进一步熟悉叙事类语篇文本的结构和语言。

Step 3：总结巩固

（1）After analyzing the passage in detail，students have 2 minutes to try to retell the passage according to the outline.

设计意图：通过整合所学重点，复述范文故事，帮助学生在所学语言内容与结构间建立联系，使故事描述更具有条理性和系统性，提升学生思路的清晰性，也为下一环节的写作实践做准备。

（2）Read the passage again，besides the outline，what else should we pay attention to？Share with the students the importance of the title，the tense，and the person. Then the students can make a title for this text.

设计意图：让学生自己观察、总结、归纳出描写庆祝类活动时还需要注意的主要方面。结合上一步骤，学生已经初步形成对叙事类阅读语篇文本材料的认知，能够从整体上赏析此类阅读语篇文本，也能更好地学会整理思路、组织素材、组织语言、遣词造句等写作方法和策略。

Step 4：写作实践

在阅读语篇文本的赏析之后，学生正式进入写作环节。教师让学生四人一组，每个组员先选定自己想要写作的庆祝活动，并把观点简要地写下来，进行组内分享，其他组员可以提出自己的观点和建议。在确定活动主题后，学生列出写作提纲以及可能用到的词语、句式、时态等，继而连词成篇，独立成文。部分学生可能需要小组协助或者教师的指导。在学生写作的过程中，教师不断巡视，回答学生的各种问题，并提醒他们注意句与句间的衔接，鼓励学生大胆运用学习过的词汇、语法、句型去表达自己想表达的东西，告知学生在写作时要一气呵成，不要受到条条框框的约束。学生完成初稿后，以小组为单位进行交换，依照教师给出的评分标准对手上的语篇文本进行打分，并给出自己的想法和建议。班级可推荐两名学生的作文在全班进行赏析，师生共同修改，总结写作经验。

设计意图：学生四人一组，进行合作学习。在写作中开展小组讨论，能有效保证每个学生的写作方向。在讨论过程中，小组成员可以集思广益，互相借鉴，综合集体的智慧，降低写作的难度，营造愉快的学习氛围；组内各成员在互相批改初稿的过程中，可就内容的真实性、单词的正确与否与短语的运用等方面进行讨论和交流。这种小组合作的方式为学生提供了足够的学习空间和交流机会，能让学生在完成任务的同时体验合作学习的乐趣，也能让不同层次的学生各有收获。

Step 5：完善修改

（1）Let the students correct their passages by themselves first and modify their writing with the following rules：

· Can you add any adjectives to make the passage more interesting?

· Has your description included any linking words?

· Are there any punctuation and spelling mistakes?

设计意图：学生结合教师给出的评判标准以及小组成员对自己初稿的意见来修改自己的作文，直至形成终稿。教师适时对学生的作品进行评价，针对学生领悟不全或分析不到位的地方加以指导，这样既能达到改正效果，又能提高学生的自主分析和学习能力。

（2）Show some of their passages. Appreciate them in the whole class and correct the mistakes if necessary.

设计意图：鼓励学生们上讲台展示自己的学习成果，增强写作方面的自信。

家庭作业部分要求学生巩固所学知识，并能熟练进行记叙文的写作，通过生活中的某项庆祝活动表达出自己对亲情或友情的珍视。

必修二模块

Unit 4　Lesson 1 Avatars

一、阅读语篇文本分析

该阅读语篇文本取材于新版北师大高中英语教材必修二第四单元Information Technology。本单元的主题语境为"人与社会"中的"科学与技术"，主要包括科技发展与信息技术创新、科学精神、信息安全等。通过对本单元的学习，学生将对科技发展和信息技术创新有新的认知，同时在语言能力、文化意识、思维品质和学习能力等方面得到融合发展。本节课教授的阅读语篇文本材料Lesson 1 Avatars属于议论文，介绍了与现代信息技术相关的内容，讨论了我们在网络上使用的虚拟形象。通过对该阅读语篇文本的学习，学生能了解现代信息技术的相关术语表达及含义，有效提升阅读科技类阅读语篇文本的能力。其主题意义在于通过探讨虚拟形象的发展与功能，让学生认识到虚拟形象与人物性格及创造力的关系，并引导学生正确使用虚拟形象，提升网络社交的安全意识。

二、学情分析

本节高中英语阅读课授课对象为高一平行班的学生，整个班级学生的英语水平参差不齐。大部分学生英语语言知识的基础不扎实，对很多稍有难度的单词和语法掌握不到位；词汇积累不够，语法知识理解不透彻；英语课堂纪律较好，大部分学生有明确的学习目标，也能配合教师的课堂教学，主动参与到教师组织的各项学习活动中，但多数学生因为缺乏自信而不敢主动发言。高中生经过初中三年的学习，英语学习习惯已经基本形成，但作为青少年，他们的好奇心强，希望在学习过程中享受到乐趣，不希望教师死板地讲解字词及语法。如果教师能设法激发他们的好奇心和创造力，创设与他们日常生活紧密相连的学习语境，他们就会很感兴趣，也会积极配合教师，从而掌握语言知识，了解学习策略，形成正确的人生观和价值观。

三、教学目标分析

在本节高中英语阅读课讲授结束后，希望学生能在语言能力、思维品质、文化意识和学习能力等英语学科核心素养的基本方面达成以下目标。

1. 语言能力

（1）借助skimming和scanning的阅读技巧，概括和提炼阅读语篇文本中关于虚拟形象的主要信息。

（2）能够总结出阅读语篇文本中每段的中心句和全文的整体段落结构。

（3）积累并且能活学活用词汇，如avatar、image、digital identities、personalities、Internet users、instant message、virtual worlds等和虚拟形象有关的词汇、短语。

2. 思维品质

学生通过具体的思维可视化工具呈现出来的阅读语篇文本信息和架构，在丰富的课堂活动组织过程中，能够快速准确地抓住阅读语篇议论文文本的基本结构和具体信息，分析该议论文语篇文本的内容和写作基本要素，并能自己制作图示呈现议论文语篇文本的基本脉络和用英语流畅地表达自己的观点，尝试在语言输出部分运用本节课所学习的内容绘制自己的图示并完成观点图示的创作，以此达到培养和发展分析问题的能力和创造性思维能力的目的。

3. 文化意识

（1）能够阐述虚拟形象的利弊。

（2）了解并且梳理虚拟形象在不同方面对我们产生的影响。

（3）反思与评价虚拟形象和人们的关系。

4. 学习能力

学生能够在英语阅读学习过程中运用小组讨论、探究归纳等学习方法，用思维可视化工具对语篇文本脉络和自己的思考过程进行展示，从而提高自己的思维品质，增强合作能力等英语学科核心素养。

四、教学策略和方法

本节阅读课整合网络资源，充分利用多媒体、文本、图片等，并利用白板等现代化多媒体手段辅助教学，促进学生的有效学习。在阅读课堂教学过程中教师采用了活动任务型教学法，在读前、读中、读后各个阶段利用思维可视化工具，启发学生完成从易到难的不同任务要求的思维可视化图示。整个教学环节突出学生的主体学习地位，课堂教学活动以问题为导向，教师则扮演引导者的角色，在课堂活动过程中适时启发、组织和帮助学生完成各项任务活动，通过相关话题的搜寻整合，建立课内外联系。教师把阅读学习活动设计成与学生密切相关的事件（海报、图片、热点新闻、名人名言等），这一方面可以激发学生的学习兴趣，激活学生的思维；另一方面可以让学生在学习英语知识的同时关注一些社会问题，通过独立思考、结对活动或者小组活动等多种形式，分析问题解决问题。在任务活动的完成过程中，教师引导学生共同挖掘阅读语篇文本的价值文化，形成深度思维的能力和对所学知识的意义建构，培养英语学科核心素养。

五、教学过程分析

Step 1：Warming up

在上课前几分钟，教师会利用多媒体课件展示与本阅读课主题相关的单词以及图片，如avatar、image、digital identities、personalities、Internet users、instant message、virtual worlds等，让学生通过对生动形象的图片的直观感受建立与新单词之间的联系，帮助学生理解和认知该阅读语篇文本中有可能出现的陌生单词和词组，并借此帮助学生当堂掌握这些陌生单词和词组。

设计意图：该部分设计旨在用直观的图片展示快速吸引学生的注意力，并激发学生的学习兴趣，调动学生的学习积极性，通过相关的练习让学生快速掌握词汇，以便为阅读语篇文本的后续学习打好了词汇基础。

Step 2：Lead-in

教师请学生围绕该阅读语篇文本的主题，预测他们将会学到哪些与虚拟形象相关的内容，并请学生写出他们想提出的相关问题。在该部分任务活动设计中，教师会鼓励学生完成一个简单的思维导图，把自己想要了解的问题填入所绘制的思维导图中。由于该话题切合学生的实际生活，学生思索片刻之后便很快写出了自己想要了解的或者感兴趣的问题，据此，教师分别请几名学生向全班展示他们自己绘制的思维导图。

设计意图：运用思维可视化工具之一的思维导图的教学方式，能促进学生更加直观地感受虚拟形象的相关内容，自然而然地引出本阅读课将要展开的教学内容。同时，让学生自己绘制思维导图并完成信息填写和展示，不仅可以增强学生学习英语的自信和热情，还可以锻炼学生根据阅读语篇文本标题对语篇文本具体内容进行预测的思维能力。

Step 3：Pre-reading

学生第一遍快速阅读语篇文本内容，通过对阅读语篇文本信息的筛选，核对自己在上述活动中提出的问题中有多少出现在了该阅读语篇文本当中，并请学生在阅读语篇文本中画出这些问题对应的答案。这部分是对阅读语篇文本具体内容的第一次梳理，当学生看到阅读语篇文本里出现自己填写在思维导图中的问题的答案时，收获的是英语阅读学习带来的快乐和满足。

设计意图：此环节任务活动设计起到承上启下的作用，所以需要设计出过渡自然且简单易操作的课堂活动内容，以便为后面阅读语篇文本具体内容的分析做好准备。

Step 4：Fast-reading

学生第二遍快速阅读语篇文本内容，教师鼓励学生通过小组活动尝试将该文本内容中的六个自然段划分成四部分：第一部分为第一自然段，第二部分为第二自然段，第三部分为第三、四、五自然段，第四部分为第六自然段。大部分学生通过小组活动中的互帮互助式探究，基本能够较为准确地把握阅读语篇文本的脉络，并做出正确的段落划分。

设计意图：学生在该任务活动过程中需要运用略读和跳读的阅读方法，带着任务有针对性地进行阅读，并且从整体上把握阅读语篇文本的段落结构。

Step 5：Careful-reading

学生第三遍阅读语篇文本的具体内容。此次阅读活动需要学生运用精读技巧，边读边总结在快速阅读过程中已划分好的四个部分的主旨大意，并且将这部分思维导图补充完整。通过小组合作探究，学生总结出全文四个部分分别围绕虚拟形象的定义、历史、功能和观点展开，接着进行结对练习，完成对以下四个问题的探讨：

（1）What is an avatar?

（2）How have avatars developed over decades?

（3）How do people use avatars?

（4）What are people's views on the use of avatars?

设计意图：该部分任务设计着重培养学生获取细节信息的能力，培养和锻炼学生在实际阅读过程中的总结概括能力。以上几个问题是对虚拟形象的定义、发展、功能以及人们持有的观点等方面内容的探讨，目的是让学生正确认识和理解虚拟形象。

Step 6：Post-reading

为了考查学生是否真正掌握了该阅读语篇文本的具体内容以及检验本节阅

读课的学习成果，笔者设计了读后的小组活动部分，让学生四人一组讨论分析以下两方面的问题：

（1）What does the writer mean by "the avatar you choose says a lot about your personality"? Do you agree with the writer? Give examples to support your opinion.

（2）Can you give examples of the risks of using avatars? What can you do to prevent such risks?

此任务活动比之前的任务活动更具有挑战性。小组讨论结束后，教师请几个小组各派一名组员分享、汇报本组的观点和看法。

设计意图：该环节把语言学习和学生的实际生活紧密联系起来，让学生认识到虚拟形象与人物性格及创造力的关系，并分析探讨使用虚拟形象的风险，从而引导学生正确使用虚拟形象，同时提升网络社交的安全意识。在思考、讨论和语言输出的过程中，学生的批判性思维品质得到了提高。

Step 7：Appreciation

学生通过欣赏一些与虚拟形象相关的引言来总结全文，概括主题，如"The great myth of our times is that technology is communication." "I really believe that the vitual world mirrors the physical world." "Technology is a useful servant but a dangerous master." "It's not that we use technology, we live technology."

设计意图：这部分是对整个阅读语篇文本的概括，让学生通过引言来总结，而不是枯燥单调地直接给出结论，让学生能够了解和梳理虚拟形象在不同方面对我们的生活产生的影响，能够阐述虚拟形象的利弊，反思与评价虚拟形象和人们之间的关系。

本课的家庭作业分为两部分：第一部分必做题是书上的练习，是对基础知识的夯实和巩固；第二部分选做题是写一篇短文，是对虚拟形象的看法。这种分层作业比较灵活，因材施教，可以照顾到不同层次的学生。

六、课后小结

这节课利用多媒体制作精美的课件，增加了阅读课堂教学的实际容量。利用思维可视化工具，提高了阅读课堂教学的效率。学生对思维导图已经不陌生，但如何完成一个既美观又实用的思维导图还需不断探索。学案上各个环节的任务目标明确，教学活动站在学生的角度，以问题为导向，以学生为主体进行精心设计。在阅读课堂教学过程中，教师为学生创设了英语交际的环境，引导学生自主学习、互动、探究式学习相结合，有师生互动、生生互动，引导学生重视把所学知识和生活实际联系起来。本节课的课堂气氛较好，大部分学生能积极踊跃参与其中并有所收获，但也存在很多不足之处，教师在教学反思中将做具体分析。

Unit 4　Lesson 3 Internet and Friendships

一、阅读语篇文本分析

该阅读语篇文本取材于新版北师大高中英语教材必修二第四单元Information Technology。本单元的主题语境为"人与社会"中的"科学与技术"，主要包括科技发展与信息技术创新、科学精神、信息安全等。通过本单元的学习，学生将对科技发展和信息技术创新有新的认知，同时在语言能力、文化意识、思维品质和学习能力等方面得到融合发展。本节课教授的阅读语篇文本材料Lesson 3 Internet and Friendships是一篇议论文，取材于Robert和Cathy两人的博客内容——"关于网络对友情的影响"，他们在其中阐述了完全相反的两个观点。第一个阅读语篇文本的主题为"The Internet Harms Friendships"，从网络交流的方式、内容以及对人的影响等方面论证了网络对友情的危害。第二个阅读语篇文本的主题为"The Internet Helps Friendships"，从网络交流的便利性、趣味性、即时性等方面论证了网络对友情的促进作用。在该阅读语篇文本材料的教学过程中，教师鼓励学生积累并活学活用与网络相关的词汇和有关的短语；让学生认识到科技对人际关系的双重影响，并引导学生养成关注科技与社会关系的意识，培养学生的辩证思维；促进学生了解议论文文本结构的特点，掌握用英语表达观点的方法。

二、学情分析

本节高中英语阅读课授课对象为高一平行班的学生，整个班级学生的英语水平参差不齐。大部分学生英语语言知识的基础不扎实，对很多稍有难度的单词和语法掌握不到位，词汇积累不够，语法知识理解不透彻。英语课堂纪律较好，大部分学生有明确的学习目标，也能配合教师的课堂教学，主动参与到教师组织的各项学习活动中，但多数学生因为缺乏自信不敢主动发言。高中生经过初中三年的学习，英语学习习惯已经基本形成，但作为青少年，他们的好奇心强，希望在学习过程中享受到乐趣，不希望教师死板地讲解字词及语法。如果教师能设法激发他们的好奇心和创造力，创设与他们日常生活紧密相连的学习语境，他们就会很感兴趣，也会积极配合教师，从而掌握语言知识，了解学习策略，形成正确的人生观和价值观。

三、教学目标分析

在本节高中英语阅读课讲授结束后，希望学生能在语言能力、思维品质、文化意识和学习能力等英语学科核心素养的基本方面达成以下目标。

1. 语言能力

（1）理解两篇阅读语篇文本作者的主要观点，梳理议论文的文本结构，包括关联词的使用、主题句与支撑论据之间的关联等。

（2）辨识支撑论点的五种常见方法：引用权威、常理判断、举例证明、对比比较、使用数据。

（3）在阅读语篇文本中找出派生词和合成词，并尝试将这些词用在具体语言活动中。

2. 思维品质

学生通过具体的思维可视化工具呈现出来的阅读语篇文本信息和架构，在丰富的课堂活动组织过程中，能够快速准确地抓住阅读语篇议论文文本的基本结构和具体信息，分析该议论文语篇文本的内容和写作基本要素，并能以思维导图等图示形式呈现议论文语篇文本的基本脉络和用英语流畅地表达自己的观点，尝试在语言输出部分运用本节课所学习的内容绘制自己的图示并完成观点图示的补充创作，以此达到培养和发展分析问题的能力和创造性思维能力的目的。

3. 文化意识

（1）了解并且正确认识网络对人们的积极作用和消极影响。

（2）了解网络世界中的友谊，能正确认识虚拟世界和真实世界的异同，从而更好地利用网络。

4. 学习能力

学生能够在英语阅读学习过程中运用小组讨论、探究归纳等学习方法，用思维可视化工具对阅读语篇文本脉络和自己的思考过程进行展示，从而提高自己的思维品质，增强合作能力等英语学科核心素养。

四、教学策略和方法

针对这篇议论文阅读语篇文本，教师备课时需要充分解读阅读语篇文本内容，精准定位教学目标。为了突出议论文文本的体裁特点，抓住该阅读语篇文本阐述的不同观点和支撑论据的结构主线，教师采用了活动任务型教学法，精心设计学案，由易到难，层层递进，布置了八个不同的任务，并借助思维可视化工具帮助学生更好地把握该阅读语篇文本的整体结构和细节特征。根据《课标》的要求，培养学生的综合语言运用能力是基础教育阶段英语课程的重要目标之一。为了达到让学生掌握基础知识并培养听、说、读、写、看等语言技能，逐渐形成综合语言素养的目的，教师可以合理运用思维导图，将繁多复杂、层次不清的知识借助思维可视化工具加以呈现，增强语言知识的逻辑感、新鲜感，降低语言学习的抽象性，同时帮助学生梳理并融合新旧语言知识，并对其进行深层加工，不断思考和总结知识间的联系，从而提高学习效率。将思维可视化工具之一的思维导图应用于高中英语阅读教学，可以弥补传统阅读教学中的结构性缺失，教师通过清晰的思维导图呈现将英语知识的学习与语言技能的发展融入语篇、语境和主题，让学生实现了文化知识、语言技能、思维品质和创新意识相融合的深度学习。

五、教学过程分析

Step 1：Warming up

在正式授课前的几分钟，教师利用多媒体课件展示与该阅读语篇文本主题"网络"相关的一些图片和单词，在学生拥有一定的相关词汇积累之后，借助贴合学生生活实际的熟悉且轻松的话题，如询问学生平时上网都做些什么，启动本节阅读课的教学。

设计意图：通过图片等在较短时间内吸引学生的注意力，提高学生的学习兴趣，为该阅读语篇文本内容的深度学习打好词汇基础，同时激活学生与网络有关的背景知识。

Step 2：Lead-in

在完成第一部分的教学内容后，教师设计头脑风暴活动，请学生列举出自己和朋友平时利用网络能够做的事情，同时鼓励学生自主完成思维导图的绘制。

设计意图：从与学生日常生活联系紧密的话题入手，启发学生的发散性思维，思维导图的绘制也为后文的深入学习做好铺垫。

Step 3：Pre-reading

教师引导学生通过阅读这两篇博客形式的阅读语篇文本材料的标题，预测它们分别会谈论哪些话题。

设计意图：通过开放性活动任务的形式，学生可以根据自己的认知和现有知识进行合理推测，锻炼和发展独立思考和通过标题预测文本内容的能力。

Step 4：Fast-reading

学生第一遍快速阅读语篇文本内容，独立分辨两篇博客阅读文本材料的文体形式。在这个过程中，学生在没有教师参与的情况下独立经历整个思维过程，不仅印象深刻，而且能对议论文有一个初步的了解。该环节的任务活动以单选题的形式呈现，让学生在记叙文、说明文、应用文和议论文这四个选项中选出一个正确的该阅读语篇文本所属的文体。考虑到部分学生对文体相关的英语词汇接触不多，可以在其旁边标注中文意思。

设计意图：鼓励学生运用略读和跳读的英语语篇文本阅读方法，初步认识议论文的文体特征。

Step 5：Careful-reading

学生第二遍仔细阅读两篇博客语篇文本，完成两个思维导图。该环节旨在让学生梳理议论文的文本结构，了解主题句与支撑论据之间的关联。因为该阅读语篇文本涉及两篇文章，其论点不同，支撑论据较多，所以需要以两个思维导图形式分别进行呈现，再分两个步骤分别完成。第一步，分别找出Robert和Cathy的博客语篇文本中的论点（arguments），填充思维导图中的topic sentences。第二步，找出支撑每个论点的相关句子（supporting details），再分别完成两个思维导图中该部分的填充。完成思维导图的全部绘制和填充后，教师鼓励学生思考两篇博客阅读语篇文本中作者都是用哪些方法来支撑论点的，通过这样的任务活动设计，逐步引导学生了解议论文的写作方法和特点。因为此任务活动对学生英语综合素养的要求较高，所以教师可适当参与学生的讨论和分析，通过师生互动总结出辨识支撑论点的五种常见方法：引用权威、常理判断、举例证明、对比比较和使用数据，同时在一定程度上培养和发展学生获取细节信息的能力。

设计意图：学生在完成任务活动的过程中逐步理解两篇阅读语篇文本作者的主要观点，同时梳理议论文的文本结构，包括关联词的使用、主题句与支撑论据之间的关联等。完成思维导图之后，学生能够知晓并正确分辨支撑论点的五种常见方法——引用权威、常理判断、举例证明、对比比较、使用数据。

Step 6：Post-reading

为了巩固本节课内容，教师在读后部分设计了小组活动。学生四人一组各抒己见，讨论和自行选择同意哪个阅读语篇文本中陈述的论点，即网络对友谊有利还是有害，并陈述原因来支撑自己所选择的论点。接下来，学生围绕自己的观点讨论网络友谊的利弊，完成思维导图。

设计意图：该环节的活动任务设计旨在鼓励学生在实际表达中运用议论文的论点和论据，更加深入地了解议论文的文体特征，同时锻炼学生的发散思维。

Step 7：Critical thinking

教师请学生通过讨论与两篇博客相关的一些问题，对文本进行更深入的思考。

Look at the sentence from paragraph 2 in the first blog post，"It is these skills that enable us to develop lifelong friendships." What does "these" refer to? Do you agree with the statement? Why or why not?

In the second blog post，what does Eileen Kennedy-Moore mean when she says that online friends "fill holes real-life friends can't"? Give your reasons.

接下来，教师组织举行一场班级微型辩论赛：网络对友谊究竟有利还是有害？辩手们可以通过举例，也可以结合自己的经历来支撑自己的观点。

设计意图：该环节的活动任务设计旨在促进学生批判性思维的发展，同时锻炼学生的口语表达能力和临场发挥能力。

家庭作业分为两部分：必做题是书本上的练习；选做题是写一篇短文，讲一讲自己对网络友谊的态度。这种分层作业比较灵活，学生可以根据自己的英语水平自行选择，更加合理化。

六、课后小结

用思维可视化工具辅助教学更加直观，提高了学生的学习兴趣，学生在整体把握阅读语篇文本的结构和细节处理方面的能力得到了锻炼和提高，思考问题的深度和广度也得到了拓展。在以后的教学中，教师可以探索不同类型的思维可视化图示在不同文体中的应用。总之，只有让学生自主学习、主动思考、乐于协作、勇于创新，才能真正提高学生的英语学科核心素养。

Unit 5   Lesson 1 A Sea Story

一、阅读语篇文本分析

本单元围绕"Humans and Nature"话题展开，通过听、说、读、写、看等活动呈现主题内容，为学生提供了丰富且多角度的与主题语境"人与自然"相关的话题，以多种形式的阅读语篇文本呈现了人类战胜自然、挑战自我的奋斗过程和精神，以及在科考探险方面取得的成就，帮助学生了解与我们互依共存的大自然并了解自然灾害的种类及正确的应对方法，同时向学生传达现存的珍贵的自然科考资料来之不易等观点，让学生了解国外文化及自然风光，关注世界，关注自然。

本节阅读课Lesson 1 A Sea Story的阅读语篇文本取材于新版北师大高中英语教材必修二第五单元Humans and Nature，是一篇故事型记叙文，节选改编自19世纪美国诗人、小说家和文学评论家，美国浪漫主义思潮时期重要代表人物埃德加·爱伦·坡（Edgar Allan Poe）（1809—1849）于1841年发表的短篇小说《莫斯肯漩涡沉浮记》。该阅读语篇文本全文共分为五段，以时间顺序进行叙述，向读者讲述了一个年轻的渔夫和他的两个兄弟在出海捕鱼归来的途中遭遇莫斯肯漩涡的过程中发生的一个奇幻故事：两个兄弟因为没有采取合适的避难措施都不幸罹难，而这位年轻的渔夫在与漩涡搏斗的过程中头脑冷静、善于观察、当机立断，对可能发生的风险做出正确的预判后，跳下船只并幸存下来。尽管这段故事是改编而来，读者还是能从文中感受到爱伦·坡的小说独有的特色，整个故事笼罩在紧张、刺激又略带悲伤的气氛中。通过对该阅读语篇文本材料具体内容的学习，学生能进一步了解人类与海洋的关系，了解大自然带给人类的福与祸，教师可以引导学生了解如何保护海洋环境，正确处理人与自然的关系。另一方面，通过该阅读语篇文本材料的学习，学生应当明白一个道理：在大自然面前人类是渺小的，但是如果勇于面对灾难并能找到其内在的规律，人类还是有可能战胜自然灾害的。

二、学情分析

本节阅读课的授课对象为县区一所省重点高中的高一学生。这些学生通过半学期的高中英语学习，基本适应了高中英语教育教学的节奏和体系，同时能够在初中所学知识的基础上逐步构建其立体的高中英语语法体系，其词汇积累也有一定程度的增加，语言技能正在整体稳步提升过程中。学生在对此类节选改编的阅读语篇文本进行阅读学习的过程中，虽然会有一定的阅读障碍，但在教师的适时引导和耐心帮助下，可以通过小组探究等活动用英语思维积极思考，运用思维可视化工具将自己思考的方式和路径以及对阅读语篇文本结构的理解通过形象直观且具体的图示或图示形式呈现出来，提供给全班同学进行观察和认知。这不仅可以进一步促进学生对该阅读语篇文本的深度理解，还能培养和锻炼学生的思维能力，提高学生的英语学科核心素养。

三、教学目标与重难点分析

在本节高中英语阅读课讲授结束后，希望学生能在语言能力、思维品质、文化意识和学习能力等英语学科核心素养的基本方面达成以下目标。

1. 语言能力

（1）通过对阅读语篇文本材料的深度学习，掌握该阅读语篇文本的叙述步骤和整体脉络。

（2）能够正确理解一些与海洋灾难相关的基本词汇和短语，如whirlpool、survive、risk doing sth.、horrible等。

（3）能够通过阅读学习掌握阅读语篇文本的主旨大意及具体内容。

（4）在语法层面，能够掌握时间副词和限制性定语从句关系副词的使用。

（5）能够学会编写与海洋相关的有故事情节的短文。

2. 思维品质

学生借助不同类型的思维可视化工具呈现出的阅读语篇文本信息和架构，在丰富的课堂活动中，能够快速准确地抓住故事类文本叙述的基本要素：时间、地点、人物以及事件的起因、发展和结构等。教师鼓励学生在提取阅读语篇文本具体信息和分析阅读语篇文本结构的过程中，尝试自己制作图示以呈现故事脉络并能使用英语流畅地表达自己的观点；在最后的语言输出部分鼓励学生运用本节课所学习的内容仿写，描述自己经历或目睹的一次惊险经历，并绘制故事图示来辅助完成自编故事的创作，以此达到培养和发展分析问题、解决问题的能力以及提升创造性思维能力的目的。

3. 文化意识

通过该阅读语篇文本的学习，学生能够结合自身的相关经历理解人与自然互依共存的关系，找到人与自然和谐共处的途径，认识到只有人类真正做到保护自然，才能得到自然的馈赠。当然，面对自然灾害，人类的力量显得很弱小，但我们要意识到通过冷静分析、正确处理、果断决策等，人类还是能够减少自然灾害给自己、给社会、给地球造成的危害的。

4. 学习能力

在阅读课堂教学过程中，学生通过小组讨论、互帮互助、共同探究等方式，有效利用思维可视化工具让思维看得见，让阅读语篇文本结构和细节可观察。在各种思维可视化图示任务活动完成的过程中，学生的思维品质得到提升，学习能力得到锻炼，综合素养得到发展，有效达成了英语学科核心素养的目标要求。

四、教学策略和方法

本节高中英语阅读课教学凸显学生的主体学习地位，运用不同的思维可视化工具对故事型阅读语篇文本的结构特点、写作要素以及事件发展顺序等进行可视化呈现，让本来抽象的内容具体化，让呆板的英语语言文字图示符号化，让语言知识变得可观可测、灵动活泼。教师在课堂结构设计上在英语学习活动观的指导下，通过任务活动的设计，串联起读前、读中和读后等各个环节，使学生在活动中学、在活动中思、在活动中悟；在评价机制上引入师生评价和生生评价，鼓励学生参与到课堂教学任务中，在丰富多样且由易到难的梯度活动过程中提高英语语篇阅读的兴趣，增强获取英语语篇阅读信息的能力，感受思维型课堂的魅力，体验英语语篇阅读带来的快乐。

五、教学过程分析

Step 1：Warming Up

该部分教师利用两段不同的有关大海的轻音乐，引导学生敞开心扉，感受大海带给人们的不同意境，体会大自然的美妙、神奇与变幻莫测，并设计头脑风暴活动让学生自由发挥，列举与海洋有关的词汇或场景等，以帮助学生快速融入即将开始的阅读课主题学习。

设计意图：在教学中运用音乐可以创设良好的教学情境，活跃学生的思维，增强教学内容的吸引力、感染力，提高教学效果。在教师播放两段不同的有关大海的轻音乐时，学生的感情不由自主融入音乐所创造出的意境，也激发了学生对大海的好奇心。

Step 2：Lead-in

通过询问学生"Do you know any sea disasters in history？"这一问题，引导学生快速进入本节阅读课即将讨论的主题内容的学习，再通过一段视频介绍，让学生进一步感受海洋带给人们的灾难和恐惧。

设计意图：问题的设置能够激发学生的表达欲望，而视频的播放则能带给学生强烈的视觉冲击。教师紧扣上一环节的讨论，利用视频*Indonesia tsunami in 2004*让学生了解海洋的危险性，以及它可能给人类造成的灾难，巧妙而直观地引导学生更好地进入主题。

Step 3：Pre-reading

学生快速阅读该阅读语篇文本中的"the fact file"，使学生对节选改编的阅读语篇文本故事发生的背景信息有初步了解。

设计意图：这篇文章改编自埃德加·爱伦·坡（Edgar Allan Poe）的短篇小说《莫斯肯漩涡沉浮记》。对故事的写作特点以及Maelstrom的提前了解，有助于学生对故事内容的预测，进而帮助学生更好地理解阅读语篇文本，进入泛读和精读环节。

Step 4：Fast-reading

学生快速该阅读语篇文本的具体内容，梳理基本情节和重要的表示时间节点的词汇，以便能更好地在思维结构图示中展示该阅读语篇文本的脉络。

设计意图：该语篇是节选改编的短篇故事类阅读语篇文本，属记叙文范畴。通过快速阅读，借助教师绘制的故事情节发展（plot）思维导图，梳理和整合事实信息，并进一步学会分析和掌握故事情节发展的特点，即beginning、development、climax、falling action and ending，对指导学生阅读故事类语篇文本是至关重要的。在故事情节分析过程中，学生通过推断、评判等思维活动，培养了思维的逻辑性、批判性和创新性。

Step 5：Careful-reading

学生仔细阅读该阅读语篇文本材料的详细内容，了解英语记叙文写作的一般要素中的"5W and 1H"，并讨论、绘制与其相关的思维可视化图示，将具体信息填写到思维可视化图示中，让故事发展的脉络更加简单、清晰。学生通过绘制出的思维可视化图示及其中填写的具体内容，能够对该阅读语篇文本中的主人公从漩涡中幸存下来的过程及此过程中主人公的情感变化有进一步的了解。

设计意图：教师再次利用思维可视化图示和学生共同深度挖掘记叙文写作"六要素"，即when、where、who、what、why、how，引导学生深层次把握阅读语篇文本的细节内容，培养学生建立上下文关联的能力，同时通过小组合作的方式提高学生的团队意识和交流能力。

Step 6：Post-reading

在完成以上阅读课堂中的任务活动之后，学生对记叙文写作的基本要素和该阅读语篇文本的内容及结构有了更精准的了解和掌握，教师可以鼓励学生以小组合作探究的形式共同讨论以下三个问题：

（1）Why did the storyteller survive while his elder brother didn't?

（2）What's your impression of the main characters and the sea?

（3）What lessons have you learnt from the story? Give your reasons.

设计意图：教师设置的第一个问题引导学生思考，面对同样的境遇，为什么故事人物的命运截然不同；第二、三个问题进一步引发学生思考，人类在面对灾难时该如何选择，以及故事带给人们的教训。这些问题旨在充分发挥学生的主观能动性，调动学生的创造性思维，开发学生的潜能，使学生主动参与深层次阅读，以检测学生对阅读语篇文本的掌握情况。

Step 7：Appreciation

教师通过提前准备的一些有关"人与自然"主题语境的诗歌，提高学生欣赏诗歌的能力，让学生进一步体会人与自然和谐共处的重要性。

设计意图：教师利用有关大自然的诗歌升华了故事主题，使学生能更好地理解人与大自然的关系。

家庭作业将以分层方式布置任务，供学生结合自身学习情况进行选择：一是鼓励学生写出自己亲身经历或者知道的一些惊险事件，要求包含五个类型的从句；二是请学生将有关人与自然的故事用英语口述给自己的学习搭档。

教师设置的分层任务考虑了学生的个体差异。故事讲述任务能让学生将课堂所学的故事情节分析法与故事要素分析法融入实践，口述任务则能够鼓励学生联系自己的学习实际多尝试阅读英文小说原著。

Unit 5　Lesson 3 Race to the Pole

一、阅读语篇文本分析

本单元围绕"Humans and Nature"话题展开，整个单元通过听、说、读、写、看等活动呈现主题内容，为学生提供了丰富且多角度的与主题语境"人与自然"相关的话题，以多种形式的阅读语篇文本呈现了人类战胜自然、挑战自我的奋斗过程和精神，以及在科考探险方面取得的成就等，帮助学生了解与我们互依共存的大自然并了解自然灾害的种类及正确的应对方法，同时向学生传达现存的珍贵的自然科考资料来之不易等观点，让学生了解国外文化及自然风光，关注世界，关注自然。

本节阅读课Lesson 3 Race to the Pole的阅读语篇文本取材于新版北师大高中

英语教材必修二第五单元Humans and Nature，是一篇故事型记叙文。该阅读语篇文本的具体内容围绕"探险精神"展开，向我们讲述了两个科考队（Scott's team和Amundsen's team）在赶往南极的过程中，互相"比赛、较量"，经历身体和意志力等方面多重考验的故事，传达了人与自然的关系以及人类挑战自我、超越自我的精神。该阅读语篇文本侧重描写了Captain Scott和他的队员们历尽艰难困苦抵达目的地——南极，以及在回程的路上遇险时所表现出的不屈不挠的冒险精神和向目标不断奋进的巨大勇气。虽然在这场极地探险"比赛"中Captain Scott输了，可是他和队员们不畏艰难、勇于奉献的精神却永存于世人心中。同时，该阅读语篇文本也从另一个侧面对比描写了Amundsen团队成功的原因，作者想透过Amundsen团队成功的例子说明人类在探索自然的过程中要懂得尊重自然，提前做好准备，将可能遇见的困难纳入筹备计划。通过该阅读语篇文本内容的学习，学生可以了解探险队员的事迹及其成功背后不为人知的艰辛，学习他们不畏艰难困苦的精神，培养勇往直前的品质。

二、学情分析

本节阅读课的授课对象为县区一所省重点高中的高一学生。这些学生通过上半学期的英语学习，已经基本适应高中英语教育教学的节奏和体系，同时能够在初中所学知识的基础上逐步构建立体的高中英语语法体系，其词汇积累也有一定程度的增加，语言技能正在整体稳步提升过程中。对于此类有丰富故事情节的记叙型短文，学生会被前后故事情节之间紧密的扣人心弦的逻辑关系所吸引，而部分生僻的英语词汇和较为复杂的句子结构也会给学生的阅读增加一定的难度。但在教师的适时引导和耐心帮助下，学生可以通过小组探究等活动用英语思维积极思考，运用思维可视化工具将自己思考的方式和路径以及对阅读语篇文本结构的理解通过形象直观且具体的图示或图示形式呈现出来，供全班同学进行观察和认知。这不仅可以进一步促进对学生该阅读语篇文本的深度理解，还能培养和锻炼学生的思维能力，提高学生的英语学科核心素养。

三、教学目标与重难点分析

在本节高中英语阅读课讲授结束后，希望学生能在语言能力、思维品质、文化意识和学习能力等英语学科核心素养的基本方面达成以下目标。

1. 语言能力

（1）学生能够借助关键词，在理解阅读语篇文本中心思想的基础上，找出其结构特点和各个段落的大意及相互之间的联系。

（2）准确分析阅读语篇文本中一些句子的隐含意义与情感。

（3）了解和掌握以下单词和短语：sledge、ambition、hopeless、continent、disaster、have difficulty（in）doing sth.、be similar to、spirit、bravery等。

2. 思维品质

学生借助不同类型的思维可视化工具呈现出来的阅读语篇文本信息和段落关联属性架构，在丰富的课堂活动过程中，能够快速准确地抓住故事类文本叙述的基本内容。教师鼓励学生在提取阅读语篇文本具体信息和分析阅读语篇文本结构的过程中，尝试自己制作图示以呈现故事脉络并能使用英语流畅地表达自己的观点。在最后的语言输出部分，教师鼓励学生运用本节课所学习的内容归纳总结Scott's team和Amundsen's team失败或成功的原因，让学生不仅能从Scott's team的经历中学到不畏艰难困苦的精神，而且能从中得到一些启示，即运筹帷幄，提前做好准备，有计划地执行任务远比盲目来得更为稳妥。这些引导式的任务活动结合之前绘制的思维可视化图示，能够培养和发展学生分析问题、解决问题的能力，提升其创造性思维的能力。

3. 文化意识

通过该阅读语篇文本的学习，学生能够正确认识人类在南极探索过程中所面对的来自自身身体和精神双重层面以及自然界等各方面的挑战，从而正确认识人类对大自然的探索，并进一步思考如何做到人与自然和谐相处。

4. 学习能力

在阅读课堂教学过程中，学生通过小组讨论、互帮互助、共同探究等方式，有效利用思维可视化工具让思维看得见，让阅读语篇文本结构和细节可观察。在各种思维可视化图示任务活动完成的过程中，学生的思维品质得到了提升，学习能力得到了锻炼，综合素养得到了增强，有效达成了英语学科核心素养的目标要求。

四、教学策略和方法

本节高中英语阅读课教学凸显学生的主体学习地位，运用不同的思维可视化工具对故事型阅读语篇文本的结构特点、写作要素以及事件发展顺序等进行可视化对比呈现，让本来抽象的内容具体化，让呆板的英语语言文字图示符号化，让语言知识变得可观可测、灵动活泼。教师在课堂结构设计上在英语学习活动观的指导下，通过任务活动的设计，串联起读前、读中和读后等各个环节，使学生在活动中学、在活动中思、在活动中悟；在评价机制上引入师生评价和生生评价，鼓励学生参与到课堂教学任务中，通过丰富多样且由易到难的梯度活动提高学生英语语篇阅读的兴趣，增强学生在英语语篇阅读中获取信息的能力，让学生感受思维型课堂的魅力，体验英语语篇阅读带来的快乐。

五、教学过程分析

Step 1：Warming up

教师展示图片并请学生猜测图片中的人物及其所处的地理位置。

设计意图：在高中英语阅读课教学中运用图片，可以创设良好的教学情境，激活学生的思维，增强教学内容的吸引力、感染力，提高教学效果。首先，教师通过图片的呈现方式让学生感受南极洲的魅力，他们的情感会不由自主地融入图片所创造出的意境，从而激起学生对南极洲的好奇心。接下来，教师自然而然地向学生呈现一些有关南极洲的地理知识，增进学生对南极洲的了解。

Step 2：Lead-in

教师借助热身部分的有关南极洲优美风景的图片，询问学生如何才能到达南极洲去欣赏这样的美景。

设计意图：教师紧扣上一环节，利用quiz促进学生对成功抵达南极洲的途径等相关常识的了解，如什么季节去、带什么设备、会面对什么困难，并让学生想象一下到达南极洲的感受，引导学生更好地融入课题。学生们头脑风暴式的回答也能为即将进行的关于两支探险队不同结局的原因的讨论做好准备。

Step 3：Pre-reading

在学生对上一问题进行充分讨论并回答之后，教师适时呈现该阅读语篇文本的标题，请学生仔细阅读该标题，并表达自己对"Race to the Pole"这个标题的理解以及对阅读语篇文本具体内容的预测。

设计意图：通过"Race to the Pole"这个标题，引导学生理解与预测与"race"相关的"competition"与"competitor"的内容，思考"the pole"究竟指南极还是北极，进而帮助学生更好地理解阅读语篇文本，进入泛读和精读环节。

Step 4：Fast-reading

学生快速阅读该阅读语篇文本的具体内容，并通过小组讨论划分出此阅读语篇文本的结构，并给出各部分的主旨大意。

设计意图：通过快速阅读技巧的运用，促进学生对阅读语篇文本中每个部分的初步了解，引导学生整理把握故事结构，加深学生对阅读语篇文本表层含义的理解，提高学生的阅读技能与逻辑思维能力。

Step 5：Careful-reading

学生仔细阅读该阅读语篇文本材料的详细内容，找出具体信息填补到教师展示的思维可视化图示中之后，对画线的"four quotes"进行深度分析，挖掘其背后的意义和情感。在学生对阅读语篇文本的具体内容有了深度理解之后，教师请学生独立或通过小组讨论自由绘制属于自己的思维可视化图示以展示其思考过程、阅读语篇文本的基本架构等信息，促进对语篇文本内容的掌握。

设计意图：该环节共设置了三个任务活动：第一个任务活动利用思维可视化图示，直观地引导学生完成对阅读语篇文本深层次细节内容的理解与概括；第二个任务活动培养学生建立上下文关联的能力，引导学生挖掘文字隐含的意义与情感；第三个任务活动让学生自由地进行思维可视化图示的绘制，帮助学生将思维可视化图示运用到实践中，从而提升他们的思维品质。

Step 6: Post-reading

在分别完成以上阅读课堂中的任务活动之后，学生对该阅读语篇文本的内容及结构有了更精准的了解和掌握，此时教师可以鼓励学生以小组合作探究的形式共同讨论以下两个问题：

（1）Would you say that Scott and his team were losers? Why or why not?

（2）If you were Scott and you could make this exploration again，what changes would you want to make?

设计意图：教师设置的第一个问题引导学生思考Scott's team是成功者还是失败者，我们是否应该以成败论英雄；第二个问题进一步引发学生思考人类在面对困难境遇时该如何选择，以及故事带给我们的教训。这些问题可以充分发挥学生的主观能动性，调动学生的创造性思维，开发学生的潜能，使学生主动参与深层次阅读，以检测学生对阅读语篇文本的掌握情况。

家庭作业部分分层设置两个可供选择的任务：一是利用网络资源搜索在中国南极探险过程中有影响意义的大事件，二是小组探究"Why do people try to explore the toughest part of the Earth？"这一问题的答案，并将其集合成一篇小短文。

设计意图：家庭作业部分是对学生理解阅读语篇内容和运用阅读语篇内容进行知识迁移创新的一种检测手段，更是发散思维、培养思维品质的一种途径。

必修三模块

Unit 7　Lesson 1 Masterpieces

一、阅读语篇文本分析

该阅读语篇文本取材于新版北师大高中英语教材必修三第七单元Art中的第一课Masterpieces。本单元的核心话题为"艺术"，通过画作欣赏、谈论京剧、介绍贝多芬及他的音乐等多元文本的学习，帮助学生提高艺术欣赏能力和艺术修养，陶冶艺术情操。该阅读语篇文本主题语境是"人与自我"，是一篇说明文，主要展示了三幅世界著名大师的代表作：第一幅是凡·高的《星空》，第二幅是爱德华·蒙克的《呐喊》，第三幅是勒内·玛格丽特的《灯之王国》。三个阅读语篇文本分别向读者介绍了这三幅画的具体风格、内容以及它们的创作背景。学生通过对这三个阅读语篇文本的深入学习可以更加了解这三幅画，理解画家借助这三幅画分别想要表达的情感。三个阅读语篇文本虽独立成篇，却又相互补充，学生可以通过阅读语篇文本中信息对比的方式进一步了解如何欣赏艺术画作。

该阅读语篇文本中出现的新词汇基本都与三幅名画相关，通过对这些词汇的学习，学生可以更好地理解阅读语篇文本，梳理出该阅读语篇文本的结构图，掌握它的相关知识。

二、学情分析

本次高中英语阅读课的教学对象为市区省示范高中高二年级的学生。相较于刚刚进入高中阶段的高一学生，这个阶段的学生已经基本完成了初高中的过渡，适应了高中英语的学习，分析问题的能力有了较大程度的提高，基本熟悉了每个单元的结构和安排，具备了一定的英语思维能力。同时，教师在高一学年教学过程中有意识地引导学生分析阅读语篇文本的结构，因此高二的学生可以更好地梳理阅读语篇文本的脉络，掌握有效信息。本班学生英语水平中等，班级中大部分学生能快速有效地对教师组织的课堂活动做出恰当的反应，不断加深对阅读语篇文本的理解，掌握阅读语篇文本的脉络；课堂上能很好地与教师互动，与同学合作。同时，对于部分基础较差的学生，教师也设计了不同层次的阅读任务期待他们通过完成这些任务，获得自我肯定，相信自己，以促进后续的英语学习。

三、教学目标分析

在本节高中英语阅读课讲授结束后，希望学生能在语言能力、思维品质、文化意识和学习能力等英语学科核心素养的基本方面达成以下目标。

1. 语言能力

（1）通过快速阅读的方法了解阅读语篇文本的大致内容。

（2）通过上下文掌握细节信息，提高阅读能力。

（3）将所掌握的信息用思维导图的形式呈现出来，做到"深入浅出"。

2. 思维品质

（1）借助各种思维可视化图示分析、解读阅读语篇文本结构，提取阅读语篇文本的细节信息并完成不同的任务活动。

（2）培养自己分析问题的能力和创造性思维品质。

3. 文化意识

（1）通过对阅读语篇文本的深度学习，学会欣赏不同风格的画作。

（2）拓宽接触艺术的渠道，加深对艺术的理解以提高自身艺术鉴赏力，陶冶自身艺术情操。

4. 学习能力

（1）借助情境提取阅读语篇文本的具体信息，掌握新增词汇和短语。

（2）归纳整理阅读语篇文本整体结构特点。

（3）借助思维可视化图示找出三幅世界名画之间的区别。

四、教学策略和方法

本节阅读课的教学将以学生为中心，首先利用该阅读语篇文本中的三幅世界名画激发学生的学习兴趣并让学生完成书上的Exercise 1，让学生对这些画形成初步印象。其次，让学生运用快速阅读技巧，带着问题有目的地阅读语篇文本材料中的具体内容，使高中英语阅读课堂成为学生自主探索的课堂，让高中英语阅读教学成为学生收集信息、总结归纳以及不断进行语言输出的过程。教师可以本着循循善诱，由浅入深的原则，带领学生一起完成阅读语篇文本中介绍第一幅世界名画的思维导图设计，引导学生学会分析阅读语篇文本结构、总结阅读语篇文本内容，从而内化学习成果。在一定的语言信息输入后，教师可以帮助学生形成他们自己的语言输出过程，请学生以小组合作的方式绘制关于该阅读语篇文本中介绍另外两幅世界名画的思维导图，以达到巩固学习成果的目的。最后，为了实现该阅读语篇文本学习的文化情感目标以及锻炼学生灵活使用英语进行口头表达的能力，教师请学生通过小组探讨的方式完成讨论任务，即欣赏徐悲鸿的名画代表作，自由表达自己的观点，努力让每个学生都融入高中英语阅读教学课堂。

五、教学过程分析

Step 1：创设情境，导入主题，调动学生积极性

首先，在导入阶段借助多媒体展示教材上呈现的三幅世界名画，询问学生所了解和掌握的关于这三幅世界名画的一切信息并让其进行分享，然后请学生仔细观察每幅画，并完成教材第八页的Exercise 1。

设计意图：因为这三幅画都是世界著名的画作，所以通过询问学生对这三幅世界名画的了解情况，可以激活他们对这些画作以往的认知。接下来，为完成教材上的练习，学生必须仔细观察，这样的设计将学生的经验和课堂更好地结合起来，使他们意识到欣赏的必要性。

Step 2：合理安排，有序推进，提升阅读理解力

任务活动一：完成关于该阅读语篇文本结构的思维图示。

第一次阅读：略读。

学生快速浏览该阅读语篇文本的具体内容，教师询问他们是否了解每幅画的作者是谁，然后让学生完成学习清单上的Activity 2。

第二次阅读：精读。

（1）学生阅读介绍第一幅画的阅读语篇文本，了解这幅画描述的内容、创作的灵感以及来自欣赏者的各种评价在找出相应信息后完成学习清单上的Activity 3。

（2）完成第二幅画的思维可视化图示。

学生精读阅读语篇文本相关段落的具体内容，找出阅读语篇文本中的关键信息，绘制自己设计的思维可视化图示。

（3）完成第三幅画的思维可视化图示。

学生寻找并标记阅读语施篇文本中的关键信息，以便绘制思维可视化图示。

教师可以请学生上台展示他们的思维可视化图示，并复述相关内容。

设计意图：这部分任务活动的设置是为了让学生认识到，当欣赏一幅画作的时候，不仅要了解这幅画作的表面信息，也要了解它背后蕴藏的故事。学生找出相关信息后，再通过思维图示的形式展示阅读语篇文本的具体内容。这样，学生能够循序渐进地学习，增强英语阅读学习的自信。

Step 3：完成课后问答练习。

学生精读所有阅读语篇文本内容后，总结整个阅读语篇文本的脉络，并回答教材第十页的Exercise 4。

设计意图：这一环节可以帮助学生复习阅读语篇文本的内容，将思维导图运用到阅读中，迅速找出答案。

Step 4：组织学生进行讨论

学生分组讨论徐悲鸿的著名代表画作——《奔马图》，并运用本节高中英语阅读课中所学的知识分析这幅画作。

设计意图：这一环节意在鼓励学生发表自己的见解，为学生创设自由、宽松和活泼的讨论氛围，以充分调动学生学习的积极性，激活其思维和情感，使其创造力得以发挥，帮助其将所学的语言转化为用语言进行交际的能力，并从讨论中得到情感的升华。

Unit 7　Lesson 3 A Musical Genius

一、阅读语篇文本分析

该阅读语篇文本取材于新版北师大高中英语教材必修三第七单元Art。本单元的主题语境为"人与社会"，围绕艺术这一主题展开，以多种形式的语篇文本从艺术作品介绍、艺术家故事和传统艺术形式等多个角度来探讨艺术话题，依次呈现了三幅世界名画的赏析、京剧介绍、音乐天才贝多芬的故事等内容，帮助学生了解如何从各方面介绍并欣赏艺术作品，掌握艺术相关的话题词汇和表达，并从艺术大师的人生故事中得到启迪。第三课A Musical Genius是一篇记叙文，它的主题语境为"人与自我"中的人物介绍，介绍了音乐天才贝多芬和他的作品《D小调第九交响曲》的创作过程和表演场景。该阅读语篇文本首先概括性地介绍了音乐家贝多芬。贝多芬是世界上伟大的音乐家之一，他在年轻时失聪，却没有因此放弃音乐梦想。正是在这种特殊的情况下，他创作了许多伟大的作品，其中就包括《D小调第九交响曲》。然后，该阅读语篇文本分别描写了贝多芬创作和登台指挥第九交响曲的过程，通过细节描写刻画出一位身残志坚、才华横溢的音乐家形象。其主题意义是让学生通过了解这位音乐天才在创作过程中克服双耳失聪的困难，以超出寻常的毅力创作出伟大音乐作品的故事，认识到他对音乐的毕生投入和执着追求，并联想到自身，思考如何在人生道路上不畏艰难，实现自己的人生理想。

二、学情分析

本节高中英语阅读课的授课对象为省示范高中高二平行班的学生。整个班级学生的英语水平参差不齐，经过多年的英语学习，他们已基本形成自己的英语学习习惯且拥有一定的语言知识基础，但知识掌握得并不是很牢固，如词汇量积累不够、语法知识理解不透彻、对一些有难度的词汇和语法的理解较吃力等。

本班英语课的纪律整体较好，大部分学生有学习的目标性和主动性，能配合教师完成相应的教学任务，但多数学生不敢主动发言。作为高中生，他们拥有极强的好奇心和求知欲，但他们又希望在学习过程中享受到乐趣，不希望教师死板地讲解字词及语法。所以，教师应当想方设法激发他们的好奇心和创造力，创设与他们日常生活紧密相连的学习语境，激发他们学习英语的兴趣，促进他们积极配合教师设计的课堂任务活动，从而掌握语言文化知识，了解学习策略，形成正确的人生观和价值观。

三、教学目标分析

在本节高中英语阅读课讲授结束后，希望学生能在语言能力、思维品质、文化意识和学习能力等英语学科核心素养的基本方面达成以下目标。

1. 语言能力

（1）掌握、理解和运用与艺术相关的词汇、短语或句型。

（2）获取贝多芬和《D小调第九交响曲》的事实性信息（如贝多芬的个人信息，《D小调第九交响曲》的创作时间、创作地点、演出场景和观众反应等）。

2. 思维品质

学生能够借助思维可视化工具呈现出来的阅读语篇文本信息和架构，利用Graphic Organizers分析、整理信息，形成结构化知识；在丰富的课堂活动过程中，通过小组合作探究讨论，在对其做出适当评价的同时缜密细致地表达自己对人生追求的看法，完成语言从输入到输出的过程，锻炼和发展评价性思维和发散思维，提升综合思维品质。

3. 文化意识

通过对阅读语篇文本材料的学习，学生能够了解贝多芬对音乐的执着追求和巨大贡献并能结合自身实际情况恰当流利地表达自己的人生追求。

4. 学习能力

（1）描述并阐释贝多芬《D小调第九交响曲》的创作过程和演出过程，分析、判断贝多芬在创作完、演出前、演出中和演出后的情感变化。

（2）梳理记叙文的文本结构，发现并赏析记叙文的写作特点（如时间顺序、对比写作手法）。

四、教学策略和方法

根据记叙文阅读语篇文本的文体特点，该阅读语篇文本材料的具体内容可以划分为三个部分：第一部分简要介绍了贝多芬的个人信息，第二部分以时间顺序描写了贝多芬《D小调第九交响曲》的创作过程，第三部分描写了《D

小调第九交响曲》首次演出的场景。作者在第二部分和第三部分使用了对比手法来表现贝多芬在《D小调第九交响曲》创作完、演出前、演出中和演出后的情感变化以及观众对演出的回应，帮助学生感受贝多芬对音乐的热爱、投入和贡献。笔者在阅读课堂教学过程中采用活动任务型教学法，围绕语篇文本的内容和书上的习题设计了相应的学案，其中涵盖六个不同的活动任务。活动任务一是书上的习题，考查学生对贝多芬的了解程度；活动任务二是让学生概括该阅读语篇文本的主旨大意；活动任务三和活动任务四是让学生借助思维可视化工具，分析、整理阅读语篇文本的结构和细节信息，同时发现并赏析记叙文的写作特点，如按时间顺序记叙、对比写作等，通过完成思维导图来概括、提炼阅读语篇文本材料中描述的主要信息，进而培养结构化思维方式和清晰且有条理的思维习惯；活动任务五是承接以上两个活动任务，让学生利用思维导图尝试表达自己对贝多芬以及他的作品的评价和解读；活动任务六是开放式问题，鼓励学生先独立思考，再团队合作，集思广益，从而培养学生的创造性思维品质，增强学生有条理地描述和表达的思维意识。

五、教学过程分析

Step 1：Pre-reading

在正式讲解该阅读语篇文本内容之前，教师向学生提出一个问题：当人们提到音乐天才时，你会想到谁？学生会说出一些音乐家的名字，从而引出课题。接着，教师给学生看一些图片，完成学案中的活动任务一：一个与音乐天才贝多芬相关的小问题的测试。

设计意图：由问题引出话题，导入课文，激活学生脑海中与音乐和音乐家相关的背景知识，做好知识的铺垫。

Step 2：While-reading

该环节分为四个活动任务。

第一个活动任务是让学生快速浏览阅读语篇文本的具体内容，一边阅读，一边对照阅读语篇文本检查自己测试题的答案，从而让学生对贝多芬的个人信息有更加准确的了解。

第二个活动任务为整节课最核心的部分，让学生运用思维可视化工具完成一个思维导图的草稿。首先，让学生思考该阅读语篇文本的主旨大意，完成学案中的活动任务二，从宏观上把握文本内容。其次，让学生根据自己的理解把阅读语篇文本材料的内容划分为几部分，学生会有不同的见解和答案，最后让其选出一个较合理的，即把整个阅读语篇的内容材料文本分成三部分。接着，引导学生概括出这三部分各自的主旨大意。第一部分为贝多芬的个人信息，第二部分为贝多芬《D小调第九交响曲》的创作过程，第三部分为《D小调第九交响曲》的首次演出。然后，让学生对各部分进行细化，仔细浏览阅读语篇文本材料的具体内容，完成思维导图的填空部分：对于贝多芬的个人信息，填写他的国籍、生活经历和音乐作品；对于《D小调第九交响曲》的创作过程，回答"when，what，where，how"等相关问题；对于《D小调第九交响曲》的首次演出，分别完成演出前、演出时和演出后的填空，培养学生获取细节信息的能力，让学生在阅读、探索和思考的过程中逐步完善思维导图。因为是第一次尝试，学生可能会无从下手，教师可以适当降低难度，以填空形式呈现思维导图，在之后的实践过程中可以大胆放手，让学生根据自己的理解自行设计和绘制思维导图。

第三个活动任务是鼓励学生和同伴分享各自的思维导图，在分享的过程中相互学习。这个环节也很重要，学生在英语学习过程中不仅要学会独立思考，也要善于团结合作，取长补短。

第四个活动任务是基于该阅读语篇文本材料的内容，提出两个问题：一是该阅读语篇文本材料的文体是什么？二是作者描述贝多芬不同的感受时用了哪些写作手法？让学生对记叙文这样的文体和常用的时间顺序、对比的写作手法有初步的认识和了解。

设计意图：完成学案的过程能够让学生逐步理解该阅读语篇文本材料的主旨大意和相关细节信息，对音乐天才贝多芬和他的作品有更深刻的了解。分享思维导图的过程能够培养学生独立思考和团结协作的能力，同时能让学生逐步解记叙文的文体特征。

Step 3：Post-reading

为了巩固本节英语阅读课教学内容，读后部分首先设计了一个角色扮演的活动，让学生四人为一组，依据思维导图，以不同的身份来介绍贝多芬和他的作品，也就是学案上的第五个活动任务，接下来小组讨论课本上的第六大题；其次，为了启发学生进一步思考，还设计了另外两个开放式的问题：一是如何成为一位天才的作曲家？二是在你看来，天才需要具备哪些品质？

设计意图：这部分的几个活动让学生实际运用本节英语阅读课所学的词汇来复述该阅读语篇文本材料内容，可以锻炼学生的口语表达能力和语言运用能力，让学生更加深入地了解记叙文的文体特征，同时在思考和回答问题的过程中培养发散性思维。

Step 4：Evaluation

本节英语阅读课的最后，教师请学生通过回答问题来评价自己这节课的学习成果，并进行总结和反思。

设计意图：自我评价、生生评价和教师评价都是课堂上可以采用的评价方法，学生通过评价、反思才能清楚地知道自己究竟掌握了多少知识，还有哪些不足之处。

六、课后小结

本节高中英语阅读课尝试运用思维可视化工具辅助英语教学，笔者在教学过程中体会了它的优越性，也发现了自己在运用它进行教学的过程中部分环节考虑和处理得不够细致。笔者将继续认真学习，不断摸索，提高自己英语教学的效率。

Unit 8　Lesson 1 Roots and Shoots

一、阅读语篇文本分析

　　该阅读语篇文本取材于新版北师大高中英语教材必修三第八单元Green Living中的第一课Roots and Shoots，主题语境为"人与自然"，是围绕由著名黑猩猩研究专家Dr. Jane Goodall倡导创立的"Roots and Shoots"环保组织，分别从其创立的背景、创立的时间、名称的寓意和创立的意义等方面进行简单介绍的一篇说明文。全文一共有四个段落，可划分为三部分内容：一是该环保组织创立的背景，即为什么要创立这样一个环保组织；二是该环保组织的基本信息，包括创立时间、创立人以及创立目的；三是该环保组织创立的意义，即号召每个人从自我做起，共同努力，聚沙成塔，汇河成海，共建美好世界。该阅读语篇文本的第一部分以人们日常生活中习以为常的不良行为习惯为切入点，如刷牙时让水哗哗地流、外出时不关灯或者掉了垃圾也懒得拾起来，通过举例对比的方式阐述了"自我中心主义"（Just-me-ism）的概念以及自我中心主义对社会和环境有可能造成的危害，这也为阅读语篇文本的核心部分，即对Roots and Shoots的介绍提供了背景；第二部分为语篇文本的第二段和第三段内容，重点介绍了环保组织"Roots and Shoots"，说明了这一组织创立的时间、创立人以及创立的目的和意义；第三部分为语篇文本的最后一段，通过排比、递进等修辞手法号召广大年轻人立刻行动起来，为保护环境贡献自己的力量。正如语篇文本中Dr. Jane Goodall提及的：每一个个体都很重要，每一个个体都有自己的作用，每一个个体都能有所作为。该阅读语篇文本的主题意义在于让学生通过语篇文本内容的阅读学习详细了解环保组织"Roots and Shoots"，认识到在保护环境方面每个人都能发挥自己的一份作用，而且每一个人点点滴滴看似微不足道的改变都会汇聚成使这个世界变得更加美好的巨大能量。

二、学情分析

本次高中英语阅读课的教学对象为市区一所省级示范高中高二年级的学生。经过一年的高中学习生活，学生对高中英语单元教学体系和高中英语阅读教学模式已经有了大致的了解，而且在高一下学期已经接触过思维可视化辅助阅读教学的模式，其用英语提取文本信息、分析问题、处理问题的能力在一定程度上得到了提高。因此，学生在接受和理解本节运用思维可视化图示技术的高中英语阅读课不会有太大的难度。本班学生英语知识储备量较大，语言能力和自主学习能力也很突出，大部分学生上课热情高涨，表现积极活跃，为所设计的任务活动的顺利完成奠定了基础，但班级中也有一部分学生在各项任务活动过程中的参与热情不是很高，往往只是听别人说或者用笔记录，不愿意张口说。针对这部分学生，教师在教学设计中也安排了一定的任务活动，旨在通过师生交流、生生互动等途径让他们切实地加入阅读课堂活动，共同体验英语阅读学习的魅力。

三、教学目标分析

在本节高中英语阅读课讲授结束后，希望学生能在语言能力、思维品质、文化意识和学习能力等英语学科核心素养的基本方面达成以下目标。

1. 语言能力

（1）通过阅读语篇文本的上下文语境了解并掌握相关生词和短语。

（2）谈论如何从个人的角度为共建更加美好的世界贡献自己的一分力量。

（3）复述环保组织"Roots and Shoots"的相关信息。

2. 思维品质

（1）设计并绘制思维可视化图示辅助展示阅读语篇文本的框架结构。

（2）深度理解环保组织"Roots and Shoots"名称中各个单词的寓意。

（3）思考我们每个人该如何为共建美好世界做出贡献。

3. 文化意识

（1）提高保护地球、保护环境的意识。

（2）意识到采取积极有效的措施与自然和谐共处的重要性。

（3）意识到聚沙成塔、汇河成海的意义，意识到每一个人的微小改变足以汇聚成创造一个更加美好的世界的力量。

4. 学习能力

（1）了解并掌握略读和精读的阅读方法。

（2）学会分析阅读语篇文本的框架结构和行文脉络。

（3）学会在阅读语篇文本中提取具体信息来完成思维可视化图示。

（4）培养交流合作以及创新思维的能力。

四、教学策略和方法

本节高中英语阅读课充分落实英语学科核心素养的相关要求，突出以问题为导向、以活动为中心、以学生为主体的总体要求，设置有梯度、难易适中且形式多样的课堂任务活动，让处于不同学习层次的学生都能体验英语阅读学习的快乐，增强学习英语的信心。首先，教师借助公益广告的短片吸引学生的注意力，让学生对其中的不良行为有直观的感受，并顺利导入"自我中心主义"（Just-me-ism）的信息呈现。其次，教师充分利用思维可视化图示组合的形式展开阅读课堂教学活动，引导学生从整体到部分通过小组探究等方式自主收集所需信息并深度加工信息，以逐步完善思维可视化图示内容。最后，在完成思维可视化图示的整体绘制之后，教师要求学生根据思维可视化图示所展示的内容，对该阅读语篇文本的内容进行复述。这样一方面锻炼了学生的归纳整理能力，另一方面达成了语言输出的目的。学生在复述过程中充分展示自己的学习成果，丰富了英语阅读课堂活动的层次，提高了学生英语阅读学习的兴趣，增强了学生英语阅读学习的信心。

五、教学过程分析

Step 1：视频导入，引生入课

导入不是单纯地导入本节课程需要呈现的主题，而需要教师在该环节通过有效的课堂教学任务活动设计在有限的时间内吸引学生的注意力，让学生快速

投入即将开展的英语阅读学习。因此,教师在该环节的设计中采用了视频导入的方式,让学生的注意力迅速被丰富且多变的画面所吸引,从而在正式投入本节高中英语阅读课的学习之前经历一个缓冲期。此外,视频播放的是日常生活中常见的不良生活习惯,这也为后续课堂活动的开展做好了铺垫。

设计意图: 采用播放视频的导入方式能在吸引学生注意力的同时,激发学生学习英语的兴趣和热情,让学生带着强烈的求知欲继续接下来的英语阅读学习。

Step 2:快速浏览,引题入思

根据视频中提及的不良生活习惯,再结合对阅读语篇文本第一段具体内容的快速浏览,教师引导学生归纳总结出对这一系列不良生活习惯的命名——"自我中心主义"(Just-me-ism),并通过信息提取和加工处理分析该命名的具体表现形式、原因以及如何应对"自我中心主义",为正式介绍环保组织"Roots and Shoots"做好铺垫。

设计意图: 该环节旨在让学生运用速读技巧,根据教师设计的任务活动指令,迅速在阅读语篇文本中找到对应的具体信息。为充分利用时间,提高活动完成效率,该部分借助思维可视化图示工具之一的复流程图辅助阅读教学,一方面提高了学生的阅读速度,另一方面,锻炼了学生快速提取信息的能力。该部分的顺利完成标志着学生对该篇阅读语篇文本的知识储备已经足够应对接下来的任务活动实施环节,简单的任务活动设计也增强了学生对英语阅读学习的信心。

Step 3:主体阅读,引思入神

在学生充分掌握了关于"自我中心主义"(Just-me-ism)的详细信息后,教师顺理成章地介绍为应对这一问题,著名的黑猩猩研究专家Dr. Jane Goodall创立了环保组织"Roots and Shoots"。在该主体阅读部分,教师运用思维可视化图示技术辅助阅读教学,并设计了四个教学任务活动。

任务活动一:

教师在本节阅读课的备课阶段,通过对阅读语篇文本的详细阅读,初步划分出该阅读语篇文本的框架结构,其围绕着标题"Roots and Shoots"大致分为

三个部分进行解释说明：创立该环保组织的原因；该环保组织的详细信息，包括创立时间、创始人和该环保名称中各个单词的寓意；组织创建该环保组织的目的。在阅读课堂教学过程中，教师要求学生根据其初步划分的框架结构略读阅读语篇文本，进行段落内容重组。

设计意图：略读是学生在高中英语阅读学习过程中需要培养和锻炼的一种阅读技能，该环节的设计正是为了达到这一目标。此外，该任务互动环节的设计依托思维可视化图示，让学生能够对该阅读语篇文本有一个总体的认知。段落内容的重组也有助于接下来阅读学习任务的拆解和阅读学习难度的降低。

任务活动二：

第二部分阅读语篇文本的内容有一部分已经在前面的热身环节和快速阅读环节有所提及，故教师在此任务活动环节，将阅读任务活动进行细化处理，即请学生利用教师展示的思维可视化图示框架，在该部分阅读语篇文本中提取相关的信息，并对其进行分析和加工，然后回答问题。

设计意图：该部分遵循梯度课堂活动任务设计原则，其难度比任务活动一的难度要大一些，而且对学生处理信息的能力的要求有所提高，学生不仅要找出问题对应的出处，而且要对提取出来的文本信息进行简单加工，以回答思维可视化图示框架中提出的问题。这对学生归纳总结的思维能力是一种锻炼和提高。

任务活动三：

通过任务活动一和任务活动二的铺垫，学生已经基本意识到"保护环境，从我做起"的重要性。在该任务活动设计部分，针对第三部分阅读语篇文本的特点，教师继续运用思维可视化图示辅助阅读教学，请学生根据图示内容对该阅读语篇文本的主体部分进行分解式的详细阅读，并逐步找出对应信息以完善思维可视化图示内容。学生在完成图示内容的过程中，深度了解了环保组织"Roots and Shoots"的相关信息，认识到了"小能量，大作用"。

设计意图：思维可视化图示的技术形式能够有效地将抽象复杂的阅读语篇文本内容形象直观地呈现出来，而教师分解式阅读的任务设计不仅能高效利用有限的课堂教学时间，提高教学效率，而且能降低英语阅读学习过程中的问题难度，让学生有针对性地在阅读语篇文本中提取相关信息，完善思维可视化图示内容，使归纳总结能力得到进一步的锻炼和提升。

任务活动四：

根据前面的阅读学习成果，教师请学生阅读剩余的阅读语篇文本内容，整理概括出为保护环境自己能做的事情，从而与 Dr. Jane Goodall 的言论产生共鸣，即"每一个个体都很重要，每一个个体都有自己的作用，每一个个体都能有所作为"，充分意识到生活当中每个人都能对环境产生影响，在环保方面的点滴努力都能够汇聚成让世界变得更加美好的巨大能量。

设计意图：该环节旨有让学生通过对该部分阅读语篇文本的学习提高情感认知，在共同探讨的过程中达到情感共鸣，完成情感教育目标。

Step 4：思考分享，语言输出

在充分了解该阅读语篇文本的框架结构和具体内容之后，学生拥有了一定的主体知识储备，为语言输出创造了基础条件；而学生在最后一个任务活动中产生的情感共鸣，为语言输出创造了情感升华条件。所以，教师在该部分要求学生思考以下两个问题：

（1）What other things can we do to make a better world?

（2）What techniques does the writer use to make his/her view logical and convincing? Find at least one example for each technique.

设计意图：语言的顺利输入是为了更好地输出，而学习语言的最终目的也是发挥其语用功能，所以该部分任务活动设计旨在让学生在锻炼英语口头表达能力的同时培养发散思维的能力，提高英语综合素养。

在最后的总结环节，为有效利用在之前的教学环节形成并完善的阅读语篇文本的整体思维可视化图示组合，教师请学生利用其框架进行该阅读语篇文本主体的复述，继续锻炼学生的英语口头表达能力和归纳总结的思维能力，落实英语学科核心素养的培养目标。

家庭作业结合学情布置了必选和选做两项，以满足不同学习层次学生的学习需求。

Unit 8　Lesson 3 "White bikes" on the Road

一、阅读语篇文本分析

　　该阅读语篇文本取材于新版北师大高中英语教材必修三第八单元Green Living中的第三课 "White bikes" on the Road"，题语境为 "人与自然"，主要内容围绕绿色出行方式之一的共享单车。这篇说明文对有着 "自行车王国" 之称的阿姆斯特丹的共享单车的发展进行简单介绍，旨在引导学生在完成该阅读语篇文本的阅读学习之后，意识到在普及绿色出行方面每一个人都需要义不容辞地承担起自己的社会责任，绿色出行方式和途径不仅需要各级政府部门的不断探索以及高科技的保驾护航，更需要每一个人的和付出。在理解阅读语篇文本的过程中，尤其是学习到 "白色单车" 曲折多舛的发展之路和如今共享单车发展面临的挑战等内容时，学生要懂得在事物发展过程中困难和障碍在所难免。这时我们不能遇难则止，更不能气馁、消极应对，而应当以积极的态度、不懈的努力，不断寻找解决困难的办法。只要我们能够勇敢面对，迎难而上，就一定可以排除事物发展道路上的障碍，取得最终的胜利。全文一共有六个自然段，根据阅读语篇文本说明的侧重点，可将其划分为三部分内容： "自行车之城" 阿姆斯特丹、 "白色自行车" 发展史、共享单车发展现状。第一部分为阅读语篇文本的第一自然段，分析了阿姆斯特丹成为骑行理想之城的三大原因——地势平坦、足够的停放地点以及专门的自行车道，为阅读语篇文本后续对 "白色自行车" 的介绍等提供了环境支持。第二部分为第二自然段到第四自然段，主要向读者介绍说明了 "白色自行车" 曲折多舛的发展历史，依据时间顺序分别介绍说明了包括 "白色自行车" 的名称起源、创立目的、发展中的困难、改良后的流行以及现在的影响等在内的诸多细节。第三部分为最后两个自然段，专门突出了中国在绿色出行方面做出的极大努力，但共享单车的流行同样面临着种种挑战，对于共享单车的未来究竟怎么样，作者最后留给读者的是意味深长的答案——"你决定"，将阅读语篇文本的寓意上升到一个新的高度，将话题拓展到了实际生活中，引发读者结合自身实际情况进行深度思考，承担自己的社会责任。

二、学情分析

本节高中英语阅读课的授课对象为市区一所省级示范高中高二年级平行班的学生，他们语言知识基础扎实，课堂反应速度较快，学习热情高，对高中英语学习兴趣浓厚，能在课堂上充分配合教师完成既定教学设计中的活动任务。经过一年的高中学习生活，学生在语言词汇储备、语法知识学习方面得到了进一步提升，且基本熟悉了目前高中英语单元教学体系和高中英语阅读教学模式。他们在阅读学习过程中对阅读语篇文本的信息提取、加工、处理等能力都得到了一定的锻炼，初步具备自主学习的能力。在之前的高中英语阅读课堂教学中，这些学生或多或少接触过思维可视化辅助高中英语阅读教学模式。因此，学生在本节融合了思维可视化图示技术的高中英语阅读课堂教学中，对教师设计的任务活动指令不会感到太陌生，完成的难度也不会太大。班级中有个别英语学习基础较弱的学生，他们往往没有展示自我的勇气。这就需要教师在本节阅读课堂教学任务活动实施过程中，加强过程性指导巡视，及时给予他们相应的指导和帮助，以真正落实教育面向全体学生的指导思想。

三、教学目标分析

在本节高中英语阅读课讲授结束后，希望学生能在语言能力、思维品质、文化意识和学习能力等英语学科核心素养的基本方面达成以下目标。

1. 语言能力

（1）通过阅读语篇文本内容的上下文语境了解并掌握相关词汇和短语。

（2）阅读该语篇文本寻找"白色自行车"的相关信息，如名称起源、各个发展阶段的典型特征和影响等。

2. 思维品质

（1）设计并绘制思维可视化图示辅助展示阅读语篇文本有关"白色自行

车"的细节信息内容。

（2）通过思维可视化图示技术培养批判性思维等思维品质。

3. 文化意识

（1）提高保护地球以及绿色出行的意识。

（2）了解到在自我发展过程中遇到障碍和困难时，应该勇敢面对，积极思考并寻求解决办法。

（3）培养克服生活中遇到的挫折和困难的精神。

4. 学习能力

（1）培养小组合作探究和创新的意识。

（2）归纳总结在阿姆斯特丹"白色自行车"是如何发展的。

（3）在思维可视化图示技术的辅助下复述全文并讨论"白色自行车"未来的发展可能性。

（4）在比较阿姆斯特丹的"白色自行车"和中国的共享单车的过程中，发现它们之间的异同点。

四、教学策略和方法

该阅读课堂教学采取思维可视化图示技术辅助完成。由于该阅读语篇文本在文体特征上来说是一篇说明文，针对各部分语篇文本内容的不同说明顺序，教师分别设置了不同表现形式的思维可视化图示，以帮助学生高效利用有限的课堂阅读时间完成教师提前设定的课堂教学任务活动。为落实英语学科核心素养的相关要求，本节高中英语阅读课以英语学习活动观贯穿始终，在各教学任务活动环节的设置上突出以问题为导向，用问题引导学生关注和处理具体的文本信息，突出学生在完成各项任务活动中的学习主体地位。教师尽可能多地在任务活动过程中通过课堂巡视发现需要学习指导和帮助的学生，最大程度地保证每一个学生都能参与到课堂的阅读学习任务活动中，让处于不同学习层次的学生都能在高中英语阅读课堂上通过丰富多样的任务活动驱动体验英语阅读学习带来的快乐，收获完成阅读学习任务后的成就感，增强英语阅读学习的自信心。

本节高中英语阅读课还根据阅读语篇文本的结构特点，设计了从整体到局部再到整体的教学步骤，即"总—分—总"的教学模式，让学生首先从整体上熟悉阅读语篇文本，初步梳理阅读语篇文本结构，把握其主旨大意，明确阅读方向；然后具体分析阅读语篇文本中提到的问题及解决办法，并评价其影响，逐步培养自身发现问题、分析问题和解决问题的能力，在这一过程中培养思维品质，能通过发散性思维方式，联系生活实际和自身情况，增强社会责任感。

五、教学过程分析

Step 1：视频导入，吸引学生注意

为了让学生尽快进入课堂学习氛围，灵活精彩的课堂导入环节尤为重要。教师采用了播放视频的方式，以节奏鲜明、动感十足的介绍阿姆斯特丹的短视频迅速抓住学生的注意力，并在视频中穿插对该节阅读课主题"白色自行车"的介绍。

设计意图：用动态的画面吸引学生的注意力，凸显本节高中英语阅读课的主题，能够为学生的情绪提供一个缓冲，使其快速进入学习状态，并能够让学生对语篇文本主题有一个提前了解，做好迎接接下来的英语阅读课堂教学活动的各项准备。

Step 2：快速阅读，抓住核心

在学生根据视频呈现的内容对本节英语阅读课将要探讨的主题有一定的了解之后，教师请学生利用速读技巧快速浏览阅读语篇文本的全部内容，从整体上感知、分析该阅读语篇文本的主要内容，初步梳理该阅读语篇文本的结构特点，并从所给出的三个备选项中选出一个符合阅读语篇文本内容的标题。

设计意图：该环节在培养学生各项阅读技能技巧的同时，有针对性地引导学生运用相应的阅读策略解决阅读过程中遇到的各种问题。速读技巧要求学生根据问题选择性地就相关阅读语篇文本的内容进行跳读或者略读，快速而准确地在阅读语篇文本中定位问题的答案，完成阅读任务。本节课中此环节的设置有助于学生从整体上感知语篇结构层次，把握阅读语篇文本主旨大意，明确阅读方向。

Step 3：读中环节，重点突出

在学生通过速读初步梳理出该阅读语篇文本的主旨大意后，为充分利用有限的课堂教学时间完成阅读学习任务，同时为了有效降低学生有限时间内的阅读难度，教师采取拆解式的阅读任务活动设计，针对读中环节，重点就语篇文本各部分的细节内容设计了三种不同的思维可视化图示，并请学生结合思维可视化图示内容，开展相应的阅读学习，各个击破，完成对应的各部分语篇文本内容的课堂阅读学习任务。

任务活动一：

教师借助提前设计的思维可视化工具图示之一的思维导图，引导学生共同探讨阿姆斯特丹被称为"自行车之城"的原因，以及这些原因之间的内在关联等，并通过思维导图的形式——呈现，最终形成完整的思维可视化图示。

任务活动二：

在学生完成对阿姆斯特丹被称为"自行车之城"的原因的分析和了解之后，教师继续请学生以小组讨论的方式，针对教师提供的思维可视化图示内容的指示，对接下来的几个段落信息进行综合分析，筛选出正确信息内容并加以分析总结，填写到思维可视化图示的合适之处，以完成该部分思维可视化图示的整体呈现。由于该阅读语篇文本的内容错综复杂，涉及"白色自行车"的发展历史，有发展，有困难，有解决方式，也有社会影响，该环节是最耗时的教学环节。但由于思维可视化技术的运用，阅读课堂教学的效果可以在很大程度得到提高。

任务活动三：

由于任务活动二的铺垫，学生基本了解到"白色自行车"的发展历程不是一帆风顺、毫无阻碍的，它有赖于各级政府以及人民群众的不懈努力。在任务活动三部分，教师引导学生对阅读语篇文本中剩余的部分进行认真的阅读分析。同样为了降低阅读难度，教师提前设计出对应的思维可视化图示，并设置了相应的问题任务，请学生在依据思维可视化图示呈现的路径进行仔细阅读之后，给出相应问题的答案，进而呈现出一副完整的对阿姆斯特丹的"白色自行车"和中国的共享单车的异同点进行总结的阅读语篇文本思维可视化图示，让抽象的语言文字及其内在逻辑关系变得可观可思。

设计意图：以上三个任务活动的设计遵循有梯度和有层次的课堂活动任务设计原则，无论是在思维可视化图示的选用还是在问题的设置上，都遵循从简单到复杂、从整体到局部的循序渐进的理念，引导学生提取文本信息内容，并就思维可视化图示中的问题对其进行加工处理，用以填充思维可视化图示结构中的细节，进一步完善思维可视化图示的整体效果。学生在这一过程中思维得到了锻炼，能力得到了提升。

Step 4：读后输出，总结提高

学生在详细阅读了该阅读语篇文本的具体内容之后，从整体上对其框架结构特点和主旨大意有了一定了解，并能在思维可视化图示的辅助下，对阅读语篇文本的细节内容加以整理、提炼和概括。在这一过程中，学生的思维能力得到了锻炼，语言知识也得到了进一步积累。语言学习的关键在于运用，即语用能力的培养，所以在这一部分教师重点培养学生的英语表达能力，共设计了两个任务活动。

任务活动四：

为了更好地体现阅读语篇文本的育人功能，引导学生进行深度思维，教师设置了该部分活动任务，即请学生以小组为单位，围绕阅读语篇文本的最后一句话"Where will bike-sharing go in China? You decide."进行讨论，探究这句话的寓意。

设计意图：该任务活动的设计能够让学生通过小组合作探讨共享单车在中国的发展方向，并能在探讨过程中联系生活实际和自身情况，逐渐意识到自己在这一过程中所起到的作用，从而担负起自己相应的社会责任，践行共建美好家园的使命，培养发散性思维品质，完成情感教育目标。

任务活动五：

学生在依据各阅读教学任务活动部分设计的思维可视化图示的内容指示完成所有阅读学习任务的同时，对应的思维可视化图示内容也得到了充实，教师要善于运用这些思维可视化图示进一步培养学生的思维能力、学习能力等学科核心素养。因此，教师设置了本任务活动环节，即请学生完成一幅该阅读语篇文本的思维可视化整体图示，并依据这幅整体思维可视化图示的内容向全班同学复述该阅读语篇文本的内容，复述可采取接龙等方式进行。

设计意图：根据阅读语篇文本的特点，读中环节将学生的阅读学习任务进行了拆解，并设计了对应的思维可视化图示。如何提高思维可视化图示内容的效果，成了设计本任务活动环节的出发点。遵循"总—分—总"原则可以将各部分思维可视化图示的内容进行整合，或请学生再创造，或教师进行重组呈现（具体实施方法根据阅读课堂教学的实际情况做出选择），再由学生通过小组讨论对阅读语篇文本的整体内容进行复述。这也可以培养学生处理信息的能力，同时有助于提升其创新能力及综合运用英语的能力。

在课后作业环节，教师根据本班实际学情设置了两项作业：必选作业是高中英语教材上附带的巩固练习，以作为对本节高中英语阅读课语言知识的再梳理和巩固；选做作业是请学生搜索有关共享单车的更多信息，并就"How can you help bike-sharing go smoothly in your city？"提出至少两条合理化建议。

第二节 导学案实践案例

必修一模块

Unit 1　Lesson 3 Your Life Is What You Make It

Activity 1. Brainstorm

Show more adjectives to describe the classroom or persons in the photos.（图1）

The classroom　　　Students　　　Teachers

图1

Activity 2.

Choose the right structure of the whole passage.

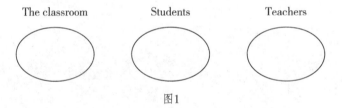

A. Para.1 → Para.2 → Para.3 ~ 4 → Para.5

B. Para.1 ⟶ Para.2 ~ 5

C. Para.1 ~ 2 ⟶ Para.3 ~ 4 ⟶ Para.5

D. Para.1 ~ 2 ⟶ Para.3 ~ 5

Activity 3.

Put the number of messages in the right location of the diagram, followed by the example based on the passage（图2）.

图2

Example: ① graduate from university

Messages: ② live in the village   ③ travel to the village

④ introduce new subjects and activities   ⑤ end of the first year

⑥ see the school for the first time

Activity 4.

On the basis of Activity 3, find some words to describe Zhang's different feelings and evidence and then continue to draw the diagram, followed by the example. (图3)

图3

Example: ①Inspired

Evidence: Applied for and became a volunteer teacher in a village school.

Now, go on to draw Zhang's feelings about②③④⑤⑥and show evidence.

Activity 5. Think and share

① Why does Zhang Tian feel so happy that he followed his heart when choosing what to do with his life even though it may not be what others expect of him? (图4)

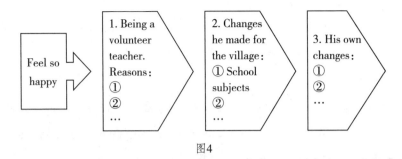

图4

② How do you understand the title of the text "Your life is what you make it"? Draw a diagram to help you share your own ideas with others.

Unit 2　Lesson 1 The Underdog

Activity **1**.

You are going to read the first part of the whole passage. Try your best to find out some details to fill in the blanks in the following diagram.（图5）

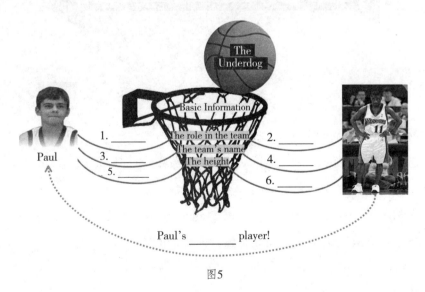

图5

Activity 2.

After reading the last paragraph and the last sentence of the paragraph, try your best to predict what will happen next.

Activity 3.

Read the second part of the whole passage and put the following listed events in the right order while drawing your own diagram and then note down the coach's attitude with evidence in the right place. （图6）

> a. One player (Eric) got hurt and could not play.
> b. Paul jumped up and rushed onto the court.
> c. "Give him a shot, coach!"
> d. The team had won by 2 points.
> e. "Let me try, coach! I won't disappoint you!"

One example：

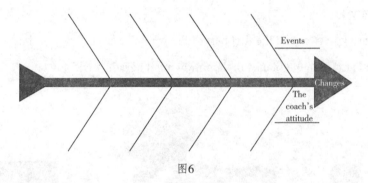

图6

Activity 4. Pair work

Discuss in groups of four and try to find out some details in the whole passage to answer the following two questions：

1. What were Paul's advantages and disadvantages as a basketball player?

2. What are changes happening to the coach and Paul?

Activity 5. Group work

Think and share. Talk freely about the following question：

In what way can we change our disadvantages into advantages?

Activity **6**. Summary

Use the information in Activity 1 and Activity 3 to conclude who Paul is and what happened to him during the match between his team and the Bears.

Unit 2　Lesson 3 Running and Fitness

Activity **1**. Brainstorm

1. Watch the short video and try to list some health problems mentioned in it.（图7）

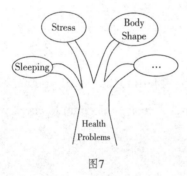

图7

2. Think about and list some advantages of exercising regularly.（图8）

图8

149

Activity 2.

Read Jeremy's letter about his health problems to the website "Ask Dr. Martin", ticking out his main health problems and feelings about them.（图9）

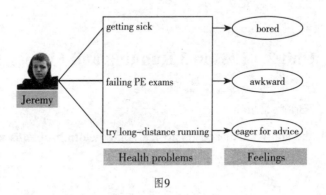

图9

Activity 3.

Supposing you are Dr. Martin, how will you answer Jeremy's letter? And then according to the passage, create a diagram to check whether your prediction is correct.

One example（图10）:

图10

Activity 4.

Go through the first two paragraphs of the passage and try to find some detailed information to answer the following two questions:

1. Who is it for?

2. What equipment should we need?

Activity 5. Pair work

Read the second part of the whole passage and find out the detailed information to express the benefits of long-distance running and then fill the information into the blanks of the diagram in Activity 2.

1. What were Paul's advantages and disadvantages as a basketball player?

2. What are changes happening to the coach and Paul?

Activity 6. Group work

Go through the last part of the whole passage and then list some tips to avoid injuries during long-distance running, using the detailed information to fill in the diagram to complete it.

One diagram as an example（图11）：

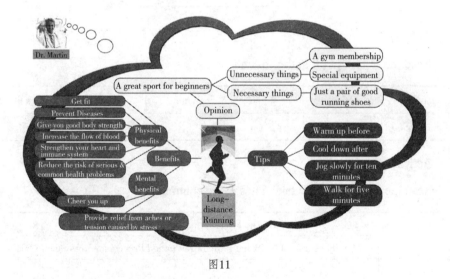

图11

Activity 7. Summary

1. Work in groups and discuss the following question:

What other benefits of long-distance running do you know?

2. Work in groups:

Use the content in the diagram to retell the whole passage.

Unit 2　Writing Workshop：The Final Sprint

Activity **1**.

Write down the slogan of the Tokyo Olympic Games，tick "√" after the new item in this slogan of the Olympic Games and give the reason why it is added up to the slogan.

Slogan of the Tokyo
Olympic Games
① _____
② _____
③ _____
④ _____

Activity **2**.

Read the story and fill in the column.

Question	Who	When	Where	How	Result
Paragraph(s)					

Activity **3**.

Read the story again and take notes in the column.

The Final Sprint	
Setting	The final sprint of the Santa Barbara XV Grand Prix cyclo–cross race in Spain
Characters	
Development	
Climax	
Ending	

Activity **4**.

Draw a diagram based on Activity 3.

One example（图12）：

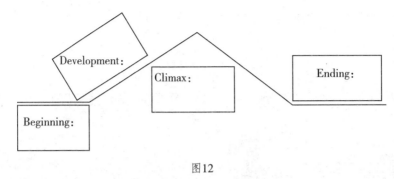

图12

Activity 5. Writing

1. Based on Activity 4，draw a Mountain Diagram about the students' own story.

2. Complete the students' story on the basis of their own Mountain Diagram.

Unit 3　Lesson 1 Spring Festival

Activity 1.

Read Tom's account and fill in the blanks.（图13）

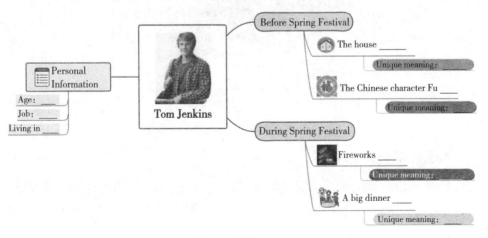

图13

Activity 2.

Read Xu's account and fill in the blanks.（图14）

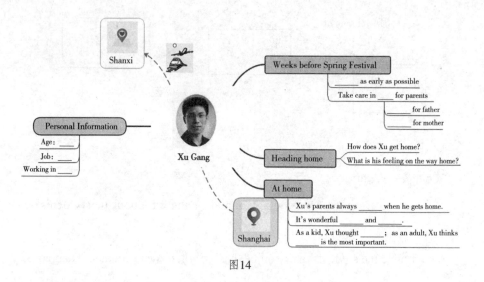

图14

Activity 3.

Read Li Yan's account and draw your own Mind Map.（图15）

图15

Activity 4. Pair work

Find out at least three descriptive sentences in the text that provide a vivid picture of Spring Festival.

    1. _____

2. _____

3. _____

4. _____

Activity 5. Group work

Think and share.

1. According to Xu Gang's and Li Yan's accounts，what does Spring Festival mean to them? Then think about what Spring Festival means to you.

2. Where and with whom did you spend the last Spring Festival? What preparations did you make? What activities did you do? How do you feel about it?

Unit 3   Lesson 3 Memories of Christmas

Activity 1.

Look at the title and predict what will be talked about in the text.

The story is about _____.

Activity 2.

Underline the writer's memories of her grandma and write them in the "Memorable events". (图16)

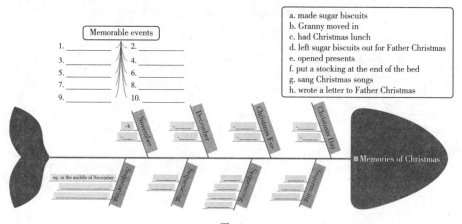

图16

Activity 3.

Read the story again. When did these activities （a ~ h） happen? Complete the timeline. Then talk about what happened based on the timeline.

Activity 4.

Scan the passage to find out words or phrases that show sequence. Then fill in the blanks following the timeline.

Activity. 5 Pair work

Use subjects，verbs or verb phrases and adverbial phrases in the circles （Exercise 5 on page 60）to make sentences about the writer's memories of Christmas.（图17）

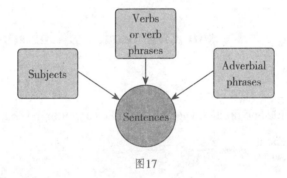

图17

Activity 6. Group work

Think and share.

1. Read the last paragraph. Why does the writer think Christmas is "magical"？

2. Compare Spring Festival and Christmas based on the diagram.

	Spring Festival	Christmas
Introduction		
Origin		
Traditions		
...		

3. Tell your group members about your festival memories.

附：Activity 2 答案。（图18）

| Memorable events |

1. I remember the wind when she arrived.　　2. Granny made an effort to help me.

3. She spent most of her time on the brown sofa by the fire.　4. Granny had the patience to sing my favorite song over and over.

5. Sometimes she was quiet.　6. I remember Granny sitting on my bed and singing softly until I fell asleep.

7. Her hand was slightly shaky.　8. Granny gave me a music box with a ballet dancer inside.

9. Granny stayed inside by the fire.　10. I remember catching her eye through the window.

图18

Unit 3　Writing Workshop：An Event Description

Activity 1.

Read the description and answer the questions.

1. Whose birthday was it?

2. What did the family do to prepare for it?

3. What gift did the writer make?

4. How did Grandpa feel and what did he say?

Activity 2.

Place the phrases in a correct order. Then add details.（图19）

Preparations before the event	Feelings about the event
The best part of the event	Introduction to the event

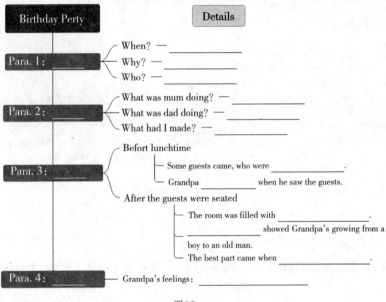

图19

Activity 3.

Complete the outline of your event description based on Activity 2.

One example（图20）:

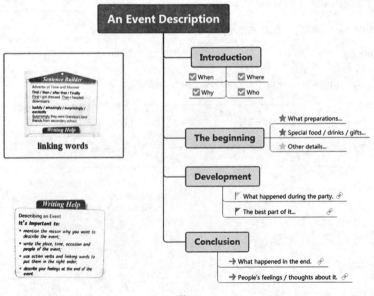

图20

Activity 4. Drafting

Choose one party that impressed you. Use the outline and the Writing Help to write your first draft.

Activity 5. Editing

Edit your description. Then modify your writing with the following keys：

> 1. Can you add any adjectives to make the passage more interesting?
>
> 2. Has your description contained any linking words?
>
> 3. Are there any punctuation and spelling mistakes?

必修二模块

Unit 4　Lesson 1 Avatars

Activity 1.

You are going to read an article about avatars. What would you like to learn from it? Write down your questions in the diagram.（图21）

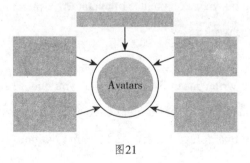

图21

Activity 2.

Read the article. Check how many of your questions in Activity 1 are answered. Underline the answers in the text.

Activity **3.**

Read the article，divide it into four parts and fill in the chart.（图22）

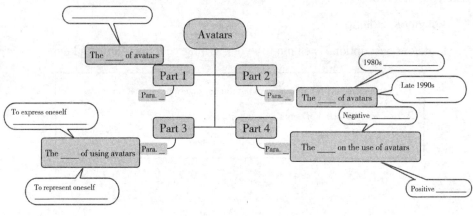

图22

Activity **4.** Pair work

Ask and answer questions about avatars using the information in Activity 3, and then introduce avatars to your partners.

1. What is an avatar?

2. How have avatars developed over decades?

3. How do people use avatars?

4. What are people's views on the use of avatars?

Activity **5.** Group work

Think and share.

1. What does the writer mean by "the avatar you choose says a lot about your personality"? Do you agree with the writer? Give examples to support your opinion.

2. Can you give examples of the risks of using avatars? What can you do to prevent such risks?

必修二模块

Unit 4　Lesson 3 Internet and Friendships

Activity **1**.

What do you usually do with your friends on the Internet? Write down your questions in the diagram.（图23）

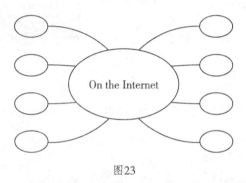

On the Internet

图23

Activity **2**.

Read the titles and predict what the blog posts are probably about.（图24）

The Internet Harms Friendships
by Robert

The Internet Helps Friendships
by Cathy

图24

Activity **3**.

What is the style of the blogs?

A. Narration（记叙文）.

B. Exposition（说明文）.

C. Practical writing（应用文）.

D. Argumentation（议论文）.

Activity **4**.

1. Read the first blog post. Complete the information on the left side of the diagram.（图25）

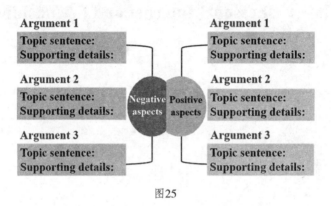

图25

2. Read the second blog post "The Internet Helps Friendships". Complete the information on the right side of the diagram.（图26）

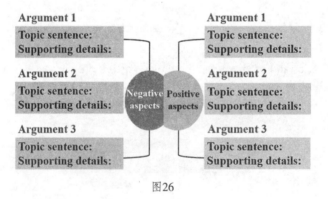

图26

Activity **5**.

Choose one position. Each member of the group presents one argument to support his/her position based on the notes taken.

Activity **6**.

Are there any other advantages or disadvantages of online friendships? If any,

list them below.（图27）

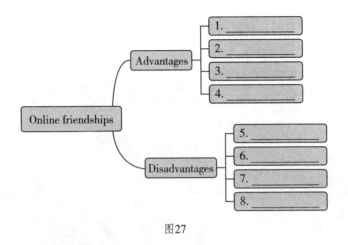

图27

Activity 7. Group work

Think and share.

1. Look at the sentence from paragraph 2 in the first blog post, "It is these skills that enable us to develop lifelong friendships." What does "these" refer to? Do you agree with the statement? Why or why not?

2. In the second blog post, what does Eileen Kennedy-Moore mean when she says that online friends "fill holes real-life friends can't"? Give your reasons.

Activity 8. Debate

Does the Internet help or harm friendship? Express your opinion by using examples or personal experiences.

Unit 5   Lesson 1 A Sea Story

Activity 1. Skimming

Read the story quickly. Find out the basic plot and important time words in order to grasp the structure of the short story, and then complete the graphs.（图28）

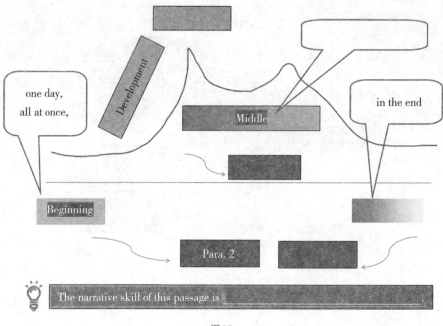

图28

Activity 2. Scanning

Read the story carefully and find out its elements according to the chart.（图29）

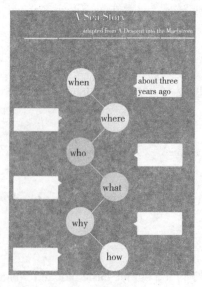

图29

Activity 3.

Read the story more closely. Try to illustrate how the storyteller survived the whirlpool and the changing process of his feelings by some graphs, charts or tables.

One example（图30）：

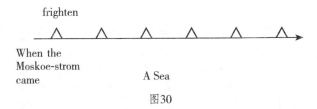

frighten

When the
Moskoe-strom
came

A Sea

图30

Activity 4. Discussion

1. Why did the storyteller survive while his elder brother didn't?

2. What's your impression of the main characters and the sea?（图31）

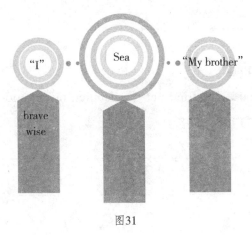

"I"　　　Sea　　　"My brother"

brave
wise

图31

3. What lessons have you learnt from the story? Give your reasons.

Activity 5. Assignment

Prepare a story about something scary or unusual you experienced or you know and use at least five important time words and three relative clause patterns in the story. Next class, share it with the whole class.

Unit 5   Lesson 3 Race to the Pole

Activity 1. Skimming

Read the text quickly. Divide the passage into several parts and figure out their main ideas.（图32）

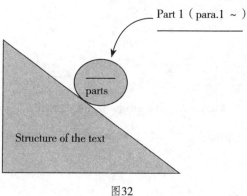

图32

Activity 2. Scanning

Read the text carefully. Find out the detailed information according to the following chart.（图33）

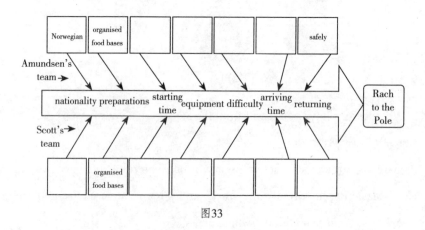

图33

Activity 3.

1. Read the text more carefully. Analyse the underlined sentences （4 quotes）

from Scott's diary and letter and work out their implied meanings and feelings. Then complete the following graph. （图34）

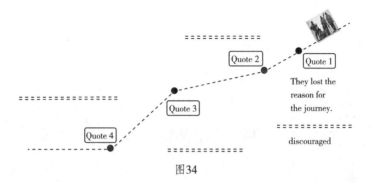

图34

2. Summarize other feelings on Scott's team's return journey according to the related sentences you find. Then show them to the whole class by a chart freely and clearly.

Activity 4. Discussion

1. Would you say that Scott and his team were losers? Why or why not?

2. If you were Scott and you could make this exploration again，what changes would you want to make?

Activity 5. Assignment

1. Search online the main events in China's Antarctica exploration.

2. Why do people try to explore the toughest part of the Earth?

必修三模块

Unit 7　Lesson 1 Masterpieces

Activity 1.

Please enjoy the three paintings on Page 8, and finish Exercise 1.

Activity 2.

Scan the passage and find out each painting's artist. （图35）

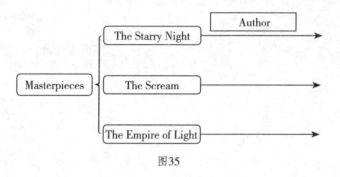

图35

Activity 3.

Read the first short passage and fill in the chart. （图36）

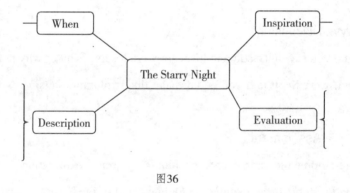

图36

Activity 4.

Draw the chart about the next two short passages based on Activity 3.

Activity 5.

Please introduce other famous paintings with your partners.

Unit 7　Lesson 3 A Musical Genius

Activity **1.**

Scan the story about Beethoven and check your answers of the quiz.

1. What is Beethoven most famous for?

A. His piano performances.

B. Conducting orchestras.

C. Composing music.

2. Where was Beethoven born?

A. In Germany.　　　　　　B. In Canada.　　　　　　C. In France.

3. What big challenge did Beethoven face?

A. He became deaf.

B. He became blind.

C. He was unable to walk.

4. How many pieces of music did Beethoven write?

A. More than 100.　　　　　B. More than 200.　　　　　C. More than 300.

Activity **2.**

What is the story about?

Activity **3.**

How many parts are there in the story? Read and identify the general idea of each part.

Activity **4.**

Read the passage and fill in the blanks.（图37）

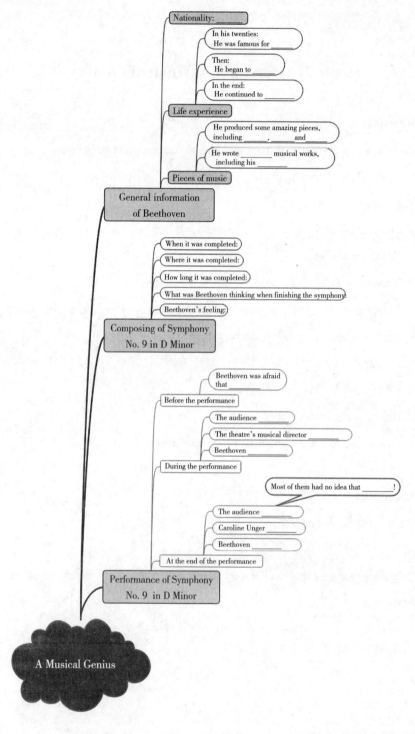

Nationality:

In his twenties:
He was famous for _____

Then:
He began to _____

In the end:
He continued to _____

Life experience

He produced some amazing pieces,
including _____ , _____ and _____

He wrote _____ musical works,
including his _____

Pieces of music

**General information
of Beethoven**

When it was completed:

Where it was completed:

How long it was completed:

What was Beethoven thinking when finishing the symphony:

Beethoven's feeling:

**Composing of Symphony
No. 9 in D Minor**

Beethoven was afraid
that _____

Before the performance

The audience _____

The theatre's musical director _____

Beethoven _____

During the performance

Most of them had no idea that _____!

The audience _____

Caroline Unger _____

Beethoven _____

At the end of the performance

**Performance of Symphony
No. 9 in D Minor**

A Musical Genius

图37

Activity 5. Group Work

Work in groups of four to play different roles to introduce Beethoven and his work according to the Mind Map.

Activity 6. Think and share

1. How to be a genius composer?

2. What characteristics should a genius have in your opinion?

Unit 8 Lesson 1 Roots and Shoots

Activity 1.

Read the whole passage as quickly as you can and try your best to decide how to divide it into three parts according to the following diagram. (图38)

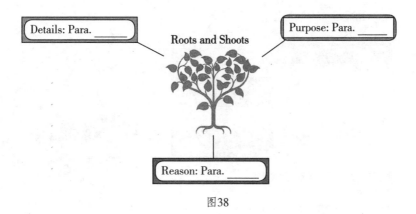

图38

Activity 2.

Read the first paragraph of the passage to figure out some information about "Just–me–ism", such as what is "Just–me–ism", why there is "Just–me–ism" and how we can deal with it, to fill in the following diagram. (图39)

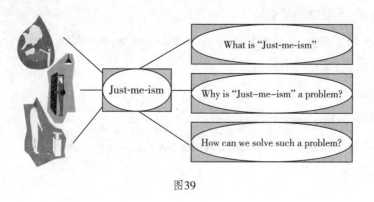

图39

Activity 3.

Read the second and the third paragraphs to find more detailed information about the organization "Roots and Shoots", such as its founding time, its founder, its founding purpose and its name's meaning, to complete the following diagram.（图40）

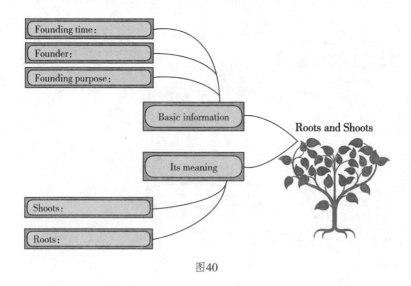

图40

Activity 4.

Read the rest part of the passage to pick out how we can do to make the world a better place.（图41）

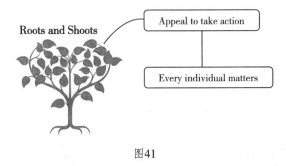

图41

Activity 5. Think and share

1. What other things can we do to make a better world?

2. What techniques does the writer use to make his/her view logical and convincing? Find at least one example for each technique.

Activity 6. Summary

Use the Graphic Organizers finished in the class to retell and share some general information of the organization "Roots and Shoots", including the reason for its founding, the meaning of it and the action it calls on us to take, etc.

Unit 8　Lesson 3 "White bikes" on the Road

Activity 1.

Read the first paragraph to find out some specific information to answer the question：Why is Amsterdam a good city for cycling?（图42）

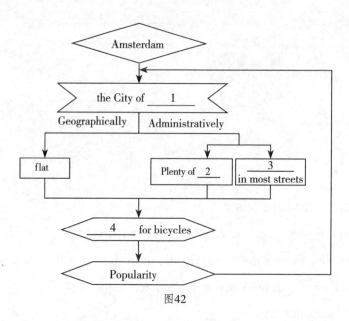

图42

Activity 2.

Read the passage from the second paragraph to the fourth paragraph with the help of the Graphic Organizers to find some more detailed information about the development of "White bikes" in Amsterdam.（图43）

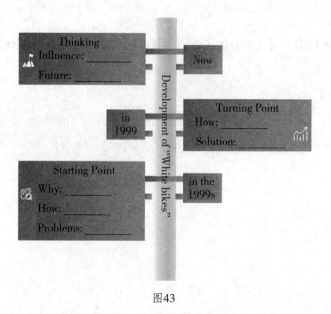

图43

Activity **3**.

Read the last two paragraphs and find out some specific information about bike-sharing programmes in China to make a comparison with "White bikes" in Amsterdam, then draw a conclusion of where bike-sharing will go in the future. （图44）

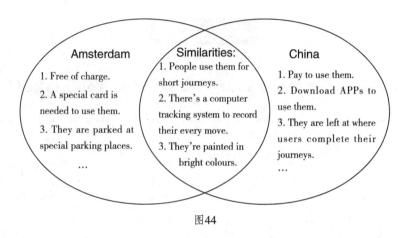

图44

Activity **4**.

Work in groups to think and answer the following question:

What does the writer mean by saying "Where will bike-sharing go in China? You decide." ?

Activity **5**. Summary

Work in groups of four to have a look at the chart of the whole passage and then introduce the development of "White bikes" in Amsterdam to the whole class. （图45）

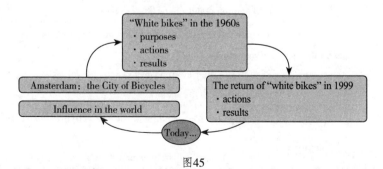

图45

第三节　教学设计实践案例

必修一模块

Unit 1　Lesson 3 Your Life Is What You Make It

课题 Topic	Unit 1 Life Choices Lesson3 Your Life Is You Make It	课型 Subject	Reading	课时 Period	1
主题语境	人与社会		语篇类型		记叙文

文本分析 Analysis of the Text	The whole passage mainly shares with students the experience of Zhang Tian as a volunteer teacher in a village school and intends to lead students into understanding the hardship and happiness of many volunteer teachers, thus cultivating students to develop their awareness of serving as well as making contributions to the society

教学目标 Teaching Goals	By the end of this period, students will be able to:	
	Language competence	1. Learn the basic structure of the story; 2. Read for general understanding; 3. Read for specific information of the process of Zhang Tian's voluntary teaching; 4. Learn how to design and draw diagrams to help them show their own opinion about Zhang Tian's story
	Cultural awareness	1. Understand the contributions volunteer teachers make to the village schools; 2. Cultivate their awareness of serving as well as making contributions to the society
	Thinking quality	1. Analyze the passage through various activities based on different diagrams; 2. Develop their analytical capability and creativity

续 表

教学目标 Teaching Goals	Learning ability	1. Get specific information by scanning; 2. Develop their ability of cooperation and communication		
教学重点 Teaching Focuses	1. How to learn and analyze the structure of a short story; 2. How to help the students analyze Zhang Tian's teaching process based on diagrams			
教学难点 Teaching Difficulties	1. How to understand the value of Zhang Tian's actions; 2. How to design and draw the students' own diagrams to show their own opinion on the title of the passage			
Teaching Aids	Multimedia, the blackboard	Teaching Methods	1. Activity–based Teaching Approach 2. Communicative Language Teaching Approach	

教学过程设计 Design of Teaching Process

教学步骤 Teaching Steps	教学活动 Teaching Activities	设计意图 Designing Purposes	时间 Time
Step Ⅰ. Warming up	Brainstorm freely to think about more adjectives to describe the given photos	运用图片引入话题，激发学生对话题讨论的积极性和热情	3mins
Step Ⅱ. Pre–reading	Predict the topic of the passage based on the title and the photos	帮助学生运用预测技巧对故事内容进行预测，从而更好地理解文章	2mins
Step Ⅲ. While–reading	Activity 1: Read the whole story quickly and choose the right structure of the whole passage. Activity 2: Read the story again and put the number in the right location of the diagram. Activity 3: Based on the former exercise, find some words to describe Zhang's different feelings and supporting evidence and then continue to draw the diagram, followed by the example	通过快速阅读，分析文章结构，从而使学生对文章脉络有清晰的了解。 通过精读，在时间轴上标注整个故事的主要事件，从而帮助学生了解故事的起承转合。 通过图示，将主人公的整体感受展示出来，让学生通过有形的图示更加深刻地认识主人公思想的变化，从而形成正确的价值观	22mins

续 表

教学步骤 Teaching Steps	教学活动 Teaching Activities	设计意图 Designing Purposes	时间 Time
Step Ⅳ. Post-reading	Activity 4: Think and share the opinion about the question "Why does Zhang Tian feel so happy that he followed his heart when choosing what to do with his life even though it may not be what others expect of him?" by filling in the diagram	运用图示概括文章最后总结中所述的主人公开心的原因，帮助学生形成正确的价值观	6mins
Step Ⅴ. Thinking and Expressing	Activity 5: Draw a diagram to tell others how to understand the title "Your life is what you make it"	运用图示来辅助学生认识阅读语篇文本认的中心思想	10mins
Step Ⅵ. Summary	Conclude the whole story, the value of the character's action and the students' performance in the class.	总结全文和本节课学生表现，帮助学生加深印象	2mins
Homework	1. Complete the students' own diagram of their understanding of the title in the lesson; 2. Complete exercises in the lesson		
The Design of the Blackboard	Unit 1 Life Choices Lesson 3 Your Life Is What You Make It 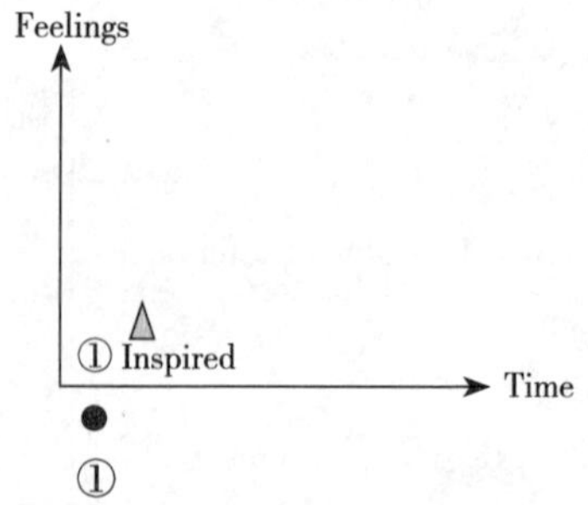 Feelings ① Inspired ● ▶ Time ①		
Teaching Reflection	1. 该文章较长，基础薄弱的学生在认知方面有困难； 2. 运用思维可视化，化繁为简，将整堂课用多种图示进行呈现，既是对教师的挑战也是对学生的挑战，但只要学生熟练运用，就一定会对其语言输出能力和综合运用能力的提高有极大帮助		

Unit 2　Lesson 1 The Underdog

课题 Topic	Unit 2 Sports and Fitness Lesson 1 The Underdog	课型 Subject	Reading	课时 Period	1
主题语境	人与自我		语篇类型		记叙文

文本分析 Analysis of the Text	本节高中英语阅读课主要介绍作者在校篮球队的队友Paul由于身材矮小等诸多不利因素的影响而不被大家看好的现状。但Paul并没有自怨自艾，反而加倍努力训练，并在赛场上抓住机会，通过球场上的实际表现证明自己的实力。本节高中英语阅读课旨在让学生体会阅读文本材料蕴含的寓意，即永不放弃，抓住机会，实现自我逆袭的体育精神，引导学生思考如何不忘初心地通过努力克服自身的劣势，最终实现自我突破	
教学目标 Teaching Goals	By the end of this period, students will be able to:	
	Language competence	1. Have a better understanding of some new words and phrases related to sports; 2. Tick out some basic information; 3. Grasp the structure of the passage
	Cultural awareness	1. Think about their own disadvantages which needs to be treated with a right attitude; 2. Understand the spirit of sports, and the importance of hardworking and persistence; 3. Cultivate their awareness of getting over difficulties and having a breakthrough
	Thinking quality	1. Analyze the reading material through various activities based on different diagrams; 2. Gain their own opinion about how to overcome different obstacles in order to have a breakthrough
	Learning ability	1. Develop the students' ability of cooperation and communication; 2. Learn how to design and draw diagrams to show changes of the coach's attitude
教学重点 Teaching Focuses	1. Learn and analyze the structure of the passage; 2. Help the students to raise the awareness of getting over various difficulties and having a breakthrough	

教学难点 Teaching Difficulties	1. How to understand the spirit of sports from Paul's story; 2. Design and draw diagrams to show changes of the coach's attitude		
Teaching Aids	Multimedia, the blackboard	Teaching Methods	1. Activity-based Teaching Approach 2. Communicative Language Teaching Approach

教学过程设计 Design of Teaching Process

教学步骤 Teaching Steps	教学活动 Teaching Activities	设计意图 Designing Purposes	时间 Time
Step Ⅰ. Warming up	1. Brainstorm to find out as many aspects as possible to show the answers to the question "What makes a great basketball player?"; 2. Look at the picture of Yao Ming and Bogues to think about whether the shorter man in the picture will be a great basketball player	运用学生们生活中熟悉的话题内容——"篮球"激发其参与课堂活动的热情,增强其大脑思维的活跃性。 通过图片展示使学生更加形象直观地感受身高差,能快速掌握本文即将讨论的话题,激发他们的求知欲	3mins
Step Ⅱ. Lead-in	Watch a short video introducing Bogues and try to get the meaning of "the underdog"	动态的视频画面能促进学生进一步了解本课即将讨论的话题内容,有效引发学生积极思考	2mins
Step Ⅲ. Pre-reading	Read the whole passage as quickly as possible to find out who is Paul and who is Bogues	通过快速阅读确定阅读语篇文本材料中出现的两个人物,为后面任务活动的顺利开展做好铺垫	3mins
Step Ⅳ. While-reading	Activity 1: Read the first part of the whole passage carefully and find out details to fill in the blanks in the diagram given by the teacher. 	阅读第一部分内容找出基本信息,通过思维可视化图示的信息填充进行对比并找出异同点,以便加深对文章主题的理解。	25mins

教学步骤 Teaching Steps	教学活动 Teaching Activities	设计意图 Designing Purposes	时间 Time
Step Ⅳ. While-reading	Activity 2： After reading the last paragraph and the last sentence of the paragraph, try the best to predict what will happen next. Activity 3： Put the listed events happening in Part 2 of the whole passage in the right order while drawing own diagram and then note down the coach's attitude with evidence in the right place One example： 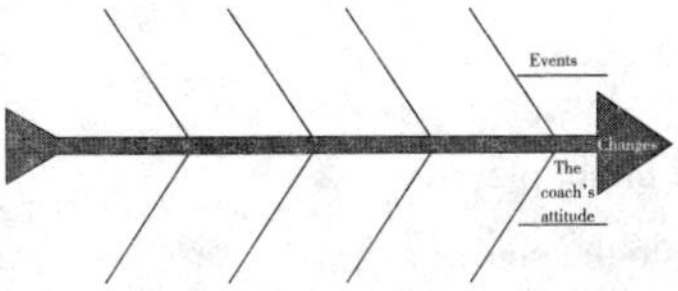 	培养学生的篇章结构意识，锻炼学生根据语境推测文章内容的能力。 借助思维可视化工具之一的鱼骨图展示故事发展顺序，培养学生的整体语篇意识，锻炼学生分析问题、解决问题的能力以及独自绘制思维图示的能力	25mins
Step Ⅴ. Post-reading	Activity 4： Discuss in groups of four about the following two questions： 1. What were Paul's advantages and disadvantages as a basketball player? 2. What were changes happening to the coach and Paul? Activity 5： Talk freely about the following question： In what way can we change our disadvantages into advantages?	鼓励学生以自制思维图示的形式展示和讨论篇章结构，培养和锻炼学生的发散性思维以及总结概括的能力。 鼓励学生联系生活实际和自身具体情况领会阅读语篇文本的核心意义，即不放弃，勇于挑战自我，抓住机会寻求突破	10mins

续 表

教学步骤 Teaching Steps	教学活动 Teaching Activities	设计意图 Designing Purposes	时间 Time
Step Ⅵ. Summary	Use the diagrams in the activities above to conclude who Paul is and what happened to him during the match between his team and the Bears	总结全文，锻炼学生的语用能力，帮助学生加深印象	2mins
Homework	1. Use the Mind Map to show what kind of player Paul was; 2. Write a passage about your best classmate and what effect he or she has on you		
The design of the Blackboard	Unit 2 Sports and Fitness Lesson 1 The Underdog a. One player got hurt and could not play. b. Paul jumped and rushed onto the court. c. "Give him a shot, coach!" d. The team had won by 2 points. e. "Let me try, coach! I won't let you down!"		
Teaching Reflection	本节课以思维可视化辅助英语阅读学习，分为文章脉络和文章细节两个层面，既有整体感知又有具体理解，既有教师引导又有学生自主学习阅读。课堂教学真正融入了快乐阅读，让阅读成为"悦"读，提升了教学效率，也培养了学生的思维品质		

Unit 2   Lesson 3 Running and Fitness

课题 Topic	Unit 2 Sports and Fitness Lesson 3 Running and Fitness	课型 Subject	Reading	课时 Period	1
主题语境	人与自我	语篇类型		应用文	
文本分析 Analysis of the Text	该阅读语篇文本以16岁中学生Jeremy的关于体育锻炼，尤其是长跑能否改变自己身体素质等问题为背景，模拟"Ask Mr. Martin"网站在线回复功能，以Dr. Martin的口吻对长跑的认知、长跑能带来的好处以及长跑的注意事项共三个方面进行了详细阐述。其主题意义在于通过对运动与健康话题的讨论，促进学生意识到体育锻炼的重要性，提高学生参与体育锻炼的意识和积极性				

教学目标 Teaching Goals		By the end of this period，students will be able to：				
	Language competence	1. Have a better understanding of some new words and phrases related to sports，especially long-distance running； 2. Read and talk about the general introduction to long-distance running； 3. Share their ideas about the benefits of long-distance running with the whole class				
	Cultural awareness	1. Be aware of the relationship between sports and fitness； 2. Pay more attention to the participation in sports in their daily life				
	Thinking quality	1. Gradually complete the diagram while understanding the passage； 2. Understand and practise how to retell the passage				
	Learning ability	1. Get specific information by scanning； 2. Develop the students' ability of cooperation and communication； 3. Create their own diagram according to some certain content of the passage				

教学重点 Teaching Focuses	1. Get a better understanding of the passage's structure according to the diagrams； 2. Be aware of the importance of taking part in sports
教学难点 Teaching Difficulties	1. How to use the detailed information of the passage to create the diagram； 2. Make a summary to the structure of the whole passage

Teaching Aids	Multimedia, the blackboard	Teaching Methods	1. Activity–based Teaching Approach 2. Communicative Language Teaching Approach

教学过程设计 Design of Teaching Process

教学步骤 Teaching Steps	教学活动 Teaching Activities	设计意图 Designing Purposes	时间 Time
Step Ⅰ. Warming up	1. Brainstorming. Watch a short video and try to list some health problems mentioned in it, using a diagram like the following: 2. Think about how to solve all these health problems. If they have some difficulty in finding answers to it, they can deal with an easier question "Can doing sports solve these problems?"	头脑风暴有助于激活学生有关"健康"的词汇知识储备。 进一步激活学生的思维,培养他们发现问题和解决问题的能力,逐渐引导学生进入本节英语阅读课的主题	5mins
Step Ⅱ. Lead–in	Discuss about the question what the advantages of exercising regularly are and then create a diagram. One example:	用气泡图的形式更好地将学生对问题的思考展示出来	5mins

教学步骤 Teaching Steps	教学活动 Teaching Activities	设计意图 Designing Purposes	时间 Time
Step Ⅲ. Pre-reading	Activity 1： Read Jeremy's letter about his health problems，trying to tick out his main health problems and feelings about them. Activity 2： Supposing that you are Dr. Martin，how will you answer Jeremy's letter? And then according to the prediction，create a diagram to show the structure of the whole passage	培养学生快速阅读的能力，让学生精准挑选主要信息，并完成思维可视化图示结构图。 进一步激发学生的学习兴趣，培养学生对阅读语篇的预测能力	5mins
Step Ⅳ. While-reading	Activity 3： Go through the first two paragraphs of the passage and try to find some detailed information to answer the following two questions： 1. Who is it for? 2. What equipment should we need? Activity 4： Read the second part of the whole passage and find out the detailed information to express the benefits of long-distance running and then fill the information into the blanks of the diagram above. Activity 5： Go through the last part of the whole passage and then list some tips to avoid injuries during long-distance running，using the detailed information to fill in the diagram to complete it	在快速阅读掌握阅读语篇文本的结构之后，进一步进行阅读语篇文本详细内容的解读，有助于学生理解文章主旨和细节。 通过对文本细节的提问，学生学会提取信息、加工信息以及合成信息，并在回答各部分问题的过程中，逐步将答案信息添加到阅读语篇文本结构思维图示中，充实思维图示的内容，培养概括思维能力	22mins

教学步骤 Teaching Steps	教学活动 Teaching Activities	设计意图 Designing Purposes	时间 Time
Step V. Post-reading	Activity 6: 1. Work in groups to discuss the following question: What other benefits of long-distance running do you know? 2. Work in groups: Use the content in the diagram to retell the whole passage	培养学生深度思维的能力以及将已学知识适当延伸与拓展的能力。 借助思维可视化图示的具体呈现内容进行细节复述，一方面是为了充分利用创作的思维可视化图示，另一方面是为了锻炼学生的英语口头表达能力	8mins
Homework	1. Recommend some other sports and then create a diagram to show their benefits; 2. Write a short essay to express the ideas on the sport you choose		
The Design of the Blackboard	Unit 2 Sports and Fitness Lesson 3 Running and Fitness 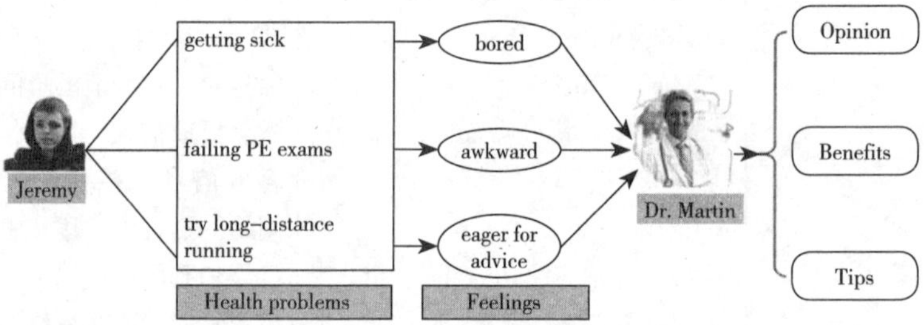 		
Teaching Reflection	1. 对于该阅读语篇文本的话题学生非常熟悉，有话可说，但如何说好需要教师不断引导； 2. 多种思维可视化图示在本节高中英语阅读课中的应用很大程度上提高了教学效率，让抽象的书本知识跃然纸上，清晰可见，层次清楚，便于学生对阅读语篇文本的整体掌握，为其复述奠定了基础		

Unit 2　Writing Workshop：The Final Sprint

课题 Topic	Unit 2 Sports and Fitness Writing Workshop：The Final Sprint	课型 Subject	Reading and Writing	课时 Period	1
主题语境	人与社会		语篇类型		记叙文
文本分析 Analysis of the Text	该阅读语篇文本讲述的主要内容是主人公Ismael Esteban在比赛中即将接近终点时由于赛车问题无法按预期冲刺，就在即将失去铜牌之际，暂列第四名的选手Navarro却没有选择直接冲刺，而是选择放慢速度跟随Esteban。通过本课的学习，学生能够了解竞争固然重要，但是在竞争中团结协作和与人为善更为重要，从而学会服务社会、为社会做贡献，形成正确的社会观和价值观				

教学目标 Teaching Goals	By the end of this period，students will be able to：	
	Language competence	1. Learn for general understanding； 2. Learn for basic writing elements of a story； 3. Learn how to design and draw diagrams to show their opinion about their writing story
	Cultural awareness	1. Understand the spirit of sports，and the importance of competition as well as teamwork and kindness； 2. Cultivate their awareness of serving as well as making contributions to the society
	Thinking quality	1. Analyze the reading material through various activities based on different diagrams； 2. Gain their own opinion about elements of a story to develop their analytical capability and creativity
	Learning ability	Develop their ability of cooperation and communication

教学重点 Teaching Focuses	1. How to learn and analyze the elements of a short story； 2. How to help the students analyze and write their own stories based on Mountain Diagrams
教学难点 Teaching Difficulties	1. How to understand the spirit of Navarro's action； 2. How to design and draw students' own diagrams to write their own stories

续 表

Teaching Aids	Multimedia, the blackboard	Teaching Methods	1. Activity-based Teaching Approach 2. Communicative Language Teaching Approach	
教学过程设计 Design of Teaching Process				
教学步骤 Teaching Steps	教学活动 Teaching Activities		设计意图 Designing Purposes	时间 Time
Step Ⅰ. Warming up	Write down the slogan of the Tokyo Olympic Games, and tick "√" after the new item in this slogan of the Olympic Games and give the reasons why it is added		通过学生们熟悉的东京奥运会，激发学生对话题的积极性和热情	3mins
Step Ⅱ. Pre-reading	Read the whole story quickly and find out the basic elements of the story		通过快速阅读寻找故事类文章的基本要素，从而使学生对文章脉络有较清晰的了解	5mins
Step Ⅲ. While-reading	Activity 1: Read the whole story carefully and find some details to fill in the blanks. Activity 2: Based on the former exercise, draw a diagram on the basis of the elements of a story. Activity 3: Based on Activity 2, draw a Mountain Diagram about your own story. Activity 4: Complete your story on the basis of your own Mountain Diagram		通过精读，找出故事类文本的具体要素信息，帮助学生了解故事的起承转合。 将故事类文本的基本要素在图示上展示出来，帮助学生从无形到有形，更加深刻地认识到故事类文本写作基本要素。 运用图示绘制出自己故事的主体要素，提升学生的创造能力和分析能力。 基于图示完成自己的短文，有利于学生创新能力和语言输出创新的提升	27mins
Step Ⅳ. Post-reading	Show the diagrams and stories while the others evaluate the performance		展示创作的图示和小故事，再进行同伴互评，提高学生的创造性思维品质和语言技能	8mins

教学步骤 Teaching Steps	教学活动 Teaching Activities	设计意图 Designing Purposes	时间 Time
Step Ⅴ. Summary	Conclude the whole story，the value of the character's action and the students' performance in the class	总结全文和本节课学生的表现，帮助学生加深印象	2mins
Homework	1. Complete your own diagram of the elements of a short story; 2. Complete the students' stories		
The Design of the Blackboard	Unit 2 Sports and Fitness Writing Workshop：The Final Sprint Climax： Development： Ending： Beginning：		
Teaching Reflection	运用思维可视化，化繁为简，将整堂课用多种图示进行呈现，既是对教师的挑战也是对学生的挑战，但只要学生熟练运用，就一定会对其语言输出能力和综合运用能力的提高有极大的帮助		

Unit 3　Lesson 1 Spring Festival

课题 Topic	Unit 3 Celebrations Lesson 1 Spring Festival	课型 Subject	Reading	课时 Period	1
主题语境	人与社会	语篇类型		记叙文	
文本分析 Analysis of the Text	This is an article published in a magazine. The whole passage consists of three people's memories of Spring Festival experiences and notes from the editor. This passage intends to lead students into understanding the meaning of Spring Festival from three different persons' perspectives，and thus arouses students' love for their family				

		By the end of this period, students will be able to:		
教学目标 Teaching Goals	Language competence	1. Get the basic information from three accounts about Spring Festival; 2. Talk about some common Spring Festival activities and traditions		
	Cultural awareness	1. Understand the meaning of Spring Festival to the Chinese people; 2. Cultivate their love for family and our traditional culture		
	Thinking quality	1. Draw the Mind Map to show Li Yan's Spring Festival activities; 2. Analyse the reasons why the three persons have different feelings towards Spring Festival		
	Learning ability	1. Get specific information by scanning; 2. Work in a groups to introduce their own Spring Festival experience and their own feelings towards it		
教学重点 Teaching Focuses	1. Create situations and guide students to talk about Spring Festival; 2. Analyse the reasons why the three persons have different feelings towards Spring Festival			
教学难点 Teaching Difficulties	1. Introduce their own Spring Festival experience and their own feelings towards it; 2. Arouse students' love for family and traditional culture			
Teaching Aids	Multimedia, the blackboard	Teaching Methods	1. Activity–based Teaching Approach 2. Communicative Language Teaching Approach	

教学过程设计 Design of Teaching Process

教学步骤 Teaching Steps	教学活动 Teaching Activities	设计意图 Designing Purposes	时间 Time
Step I. Warming up	Two pictures about Spring Festival are shown, and then think about the following questions: 1. What immediately comes to your mind when it comes to Spring Festival? 2. How do you and your family celebrate Spring Festival?	通过图片激活学生已有的关 于春节的认知并导入新课, 引出主题	4mins
Step II. Pre-reading	According to the title and the pictures in the book, predict what each account will tell us	通过课文标题和图片预测课 文内容	3mins

教学步骤 Teaching Steps	教学活动 Teaching Activities	设计意图 Designing Purposes	时间 Time
Step Ⅲ. While-reading	Read the three readers' accounts, and fill in the blanks. Activity 1： Finish the Mind Map about Tom's account. Activity 2： Finish the Mind Map about Xu Gang's account. Activity 3： Read Li Yan's account and draw your own Mind Map. Use a few words to summarize the meanings of Spring Festival for each account	提取叙述者信息以及梳理、整合与春节相关的内容。 综合信息来分析和概括春节对于这三位叙述者的意义	15mins
Step IV. Post-reading	Activity 4： Find out at least three descriptive sentences in the accounts that provide a vivid picture of Spring Festival. The main idea of the passage： Customs have changed but most of the important traditions are still being practised	帮助学生进一步理解文中对春节的生动描述。 引导学生总结所学内容，归纳文章主旨	8mins
Step Ⅴ. Thinking and Expressing	Activity 5： Share your opinions： Think deeply about what Spring Festival means to Xu and Li. Discuss in groups of four and give a speech with the title of "What Spring Festival means to me". Hints： Where and with whom did you spend the last Spring Festival? What preparations did you make? What activities did you do? How do you feel about it?	联系生活，思考春节对我们的意义，升华文章主题，增强学生对国家文化的自信。 回忆上一个春节，从节前准备、节日庆祝、个人感受三个方面对这一段经历进行描写，提升写作能力	13mins

续 表

教学步骤 Teaching Steps	教学活动 Teaching Activities	设计意图 Designing Purposes	时间 Time
Step Ⅵ. Summary	Complete the information with the words or phrases in Exercise 7	巩固本课所学的重点词汇及运用有用句型	2mins
Homework	1. Write a composition with the title of "My ideal Spring Festival"; 2. Surf some articles about foreigners' experiences about Spring Festival in China		
The Design of the Blackboard	Unit 3 Celebrations Lesson 1 Spring Festival Tom's account　　　　Xu's account　　　　Li's account		
Teaching Reflection	在本节阅读课中，通过思维可视化能高效处理故事细节，将三组故事信息及学生的思维过程可视化能将二者进行有效对比。可观可测的图示更能有效地帮助学生完成知识的记忆和文章结构的梳理		

Unit 3　Lesson 3 Memories of Christmas

课题 Topic	Unit 3 Celebrations Lesson 3 Memories of Christmas	课型 Subject	Reading	课时 Period	1
主题语境	人与社会		语篇类型		记叙文
文本分析 Analysis of the Text	作者以第一人称叙述了自己和奶奶度过的最后一个圣诞节和对奶奶的思念之情。文章篇幅较长，按照时间顺序向读者展现了一个生动、丰富的圣诞节。学生通过阅读，不仅能了解到西方圣诞的习俗和外国人庆祝圣诞节的方式，更能体会到亲情的可贵				
教学目标 Teaching Goals	By the end of this period, students will be able to:				
	Language competence	1. Build up an area of vocabulary associated with Christmas; 2. Read and talk about memories of Christmas			

教学目标 Teaching Goals	Cultural awareness	1. Be aware of the importance of Christmas in western culture; 2. Value the love from family members
	Thinking quality	1. Compare Spring Festival in Chinese and Christmas in western countries; 2. Understand and practise sequencing events
	Learning ability	1. Get specific information by scanning; 2. Develop their ability of cooperation and communication; 3. Read a narrative text and understand the story

教学重点 Teaching Focuses	1. Understand a narrative text and get a better understanding of its structure; 2. Be aware of the importance of Christmas in Western culture

教学难点 Teaching Difficulties	1. How to use sequencing to describe festival memories; 2. Make a comparison between Spring Festival and Christmas

Teaching Aids	Multimedia, the blackboard	Teaching Methods	1. Activity–based Teaching Approach 2. Communicative Language Teaching Approach

教学过程设计 Design of Teaching Process

教学步骤 Teaching Steps	教学活动 Teaching Activities	设计意图 Designing Purposes	时间 Time
Step Ⅰ. Warming up	1. Brainstorming. What do people do in the west to celebrate Christmas? 2. Appreciate a short video. How is Christmas celebrated locally and around the world?	通过头脑风暴激活学生的已有语言知识和生活经历。 利用视频进行信息补充，导入文章主题的同时，激发学生的兴趣	5mins
Step Ⅱ. Pre–reading	Get clues from the title and pictures in the book to predict what will be talked about in the text	搜索有用信息来预测文章大意，确认文章类型	2mins
Step Ⅲ. While–reading	Activity 1： Read for general understanding. This passage is a woman's memory about Christmas. Read the story quickly and find out why it was such a memorable Christmas to the writer.	通过泛读，学生对故事有初步的了解，对作者的心情有浅层的体验。	18mins

教学步骤 Teaching Steps	教学活动 Teaching Activities	设计意图 Designing Purposes	时间 Time
Step Ⅲ. While-reading	**Activity 2:** Underline the writer's memories of her grandma and write them in the "Memorable events". Memorable events 1. ____ 2. ____ 3. ____ 4. ____ 5. ____ 6. ____ 7. ____ 8. ____ 9. ____ 10. ____ **Activity 3:** Read the story again and finish the following question: When did these activities (a ~ h) happen? Complete the timeline and then talk about what happened based on the timeline. **Activity 4:** Scan the passage to find out words or expressions that show sequence. Then fill in the blanks following the timeline November ▸ December ▸ Christmas Eve ▸ Christmas Day b	学生有针对性地再次阅读，收集和梳理文本中较为烦琐的细节信息，降低阅读难度，增强学生阅读的信心。 对文本细节进行提问有助于学生阅读时更投入，提高阅读专注力。 引导学生关注叙事的时间顺序，帮助学生进一步理解文章细节内容以及把握文章结构	18mins
Step Ⅳ. Post-reading	**Activity 5:** 1. Work in groups and discuss the following questions: Can you find any hints in the story that suggest Grandma was in poor health condition? Did the writer notice it at that time? How did she feel after Grandma passed away?	小组合作学习有助于学生理解文章主旨和细节，进而体会故事中人物的情感。	

续　表

教学步骤 Teaching Steps	教学活动 Teaching Activities	设计意图 Designing Purposes	时间 Time
Step Ⅳ. Post-reading	Why does the writer think of her grandma every Christmas? What can you infer after reading the story? 2. Work in groups： Use the subjects, verbs or verb phrases and adverbial phrases in the circles from Exercise 5 to make sentences about the writer's memories of Christmas	通过完整句子表述圣诞节发生的具体事件，帮助学生熟悉句子的基本结构，掌握英语句子的构成。同时，复述故事能够检验学生对文章故事是否理解透彻	10mins
Step Ⅴ. Sharing and Expressing	Activity 6： 1. Read the last paragraph. Why does the writer think Christmas is "magical"？ 2. Compare Spring Festival and Christmas. 3. Tell your group members about your festival memories	在深入理解文本内容的基础上，发现文章所隐含的细节，体会作者的心情，启发学生推断作者的想法。 进行中西文化对比，增强学生的文化意识。 进行迁移创新，讲述自己的深刻记忆	10mins
Homework	Write a composition about your childhood "magical" memory. Remember to use sequencing to make your writing fluent and organized		
The Design of the Blackboard	Unit 3 Celebrations Lesson 3 Memories of Christmas Timeline： November → December → Christmas Eve → Christmas Day		
Teaching Reflection	1. 基础薄弱的学生在认知方面有困难； 2. 运用思维可视化，化繁为简，借助时间线让学生直观感受并记忆文章结构和记叙顺序，提升其思维品质		

Unit 3　Writing Workshop：An Event Description

课题 Topic	Unit 3 Celebrations Writing Workshop：An Event Description	课型 Subject	Reading and Writing	课时 Period	1
主题语境	人与社会		语篇类型		记叙文

文本分析 Analysis of the Text	作者以第一人称叙述了为庆祝祖父七十岁生日，全家人所做的各项准备工作以及生日当天庆祝活动内容及场景，向读者展现了温馨和睦的家庭氛围。教师借助该阅读语篇文本向学生介绍事件描述类文章的撰写要素及步骤，达到以读促写，提高学生综合运用语言的能力的目的	
教学目标 Teaching Goals	*By the end of this period，students will be able to：	
	Language competence	1. Build up an area of vocabulary associated with celebration event; 2. Read and talk about memories of a celebration
	Cultural awareness	1. Be aware of the structure of a celebration event; 2. Value the love from family members
	Thinking quality	1. Read for writing; 2. Draw up an outline of a passage; 3. Learn how to write a passage about an event using proper linking words
	Learning ability	1. Get specific information by scanning; 2. Develop skills of self-correction and peer-help; 3. Talk and write about a celebration event that you have had before
教学重点 Teaching Focuses	1. Be able to draw up an outline of a passage; 2. Learn how to write a passage about an event using proper linking words and outline	
教学难点 Teaching Difficulties	1. How to draw up an outline of a passage; 2. Conclude the writing styles and features; 3. Describe an event that you have had before	
Teaching Aids	Multimedia， the blackboard	Teaching Methods	1. Activity-based Teaching Approach 2. Communicative Language Teaching Approach

教学过程设计 Design of Teaching Process			
教学步骤 Teaching Steps	教学活动 Teaching Activities	设计意图 Designing Purposes	时间 Time
Step Ⅰ. Warming up	Have a look at the topic and some information about the topic. Discuss with your partners about the following questions: What celebration do you want to write about and why? What details do you want to describe?	通过话题信息初步构建知识关联。 借助问题讨论，激活学生的英语思维，引导学生预测话题所涉及的内容，初步完成话题框架，为进一步阅读及以读促写活动的开展做好铺垫	5mins
Step Ⅱ. Pre-reading	Activity 1: Read the passage as quickly as possible and try the best to find the details from the description to answer the following questions: 1. Whose birthday was it? 2. What did the family do to prepare for it? 3. What gift did the writer make? 4. How did Grandpa feel and what did he say?	通过快速阅读搜索有用信息以初步掌握文章内容，了解文章结构	2mins
Step Ⅲ. While-reading	Activity 2: Try to place the phrases in the correct order, and then add details. Preparations before the event Feelings about the event The best part of the event Introduction to the event	借助思维可视化图示展现阅读语篇文本架构，再结合填空形式请学生梳理事件发生的先后顺序，并根据已给出的篇章架构及问题的答案进行填充	18mins

续 表

教学步骤 Teaching Steps	教学活动 Teaching Activities	设计意图 Designing Purposes	时间 Time
Step Ⅲ. While-reading	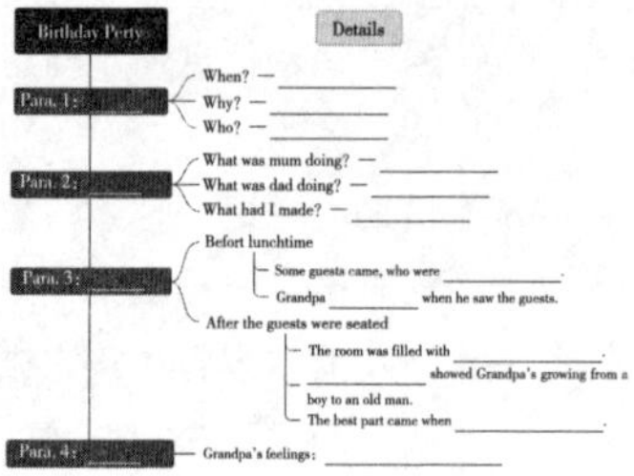 Activity 3： Lead in the key words of each paragraph such as the introduction, the beginning, the development, and the conclusion and then try to get an outline. Activity 4： Read the description again and underline the words used to link sentences and paragraphs. Then, write 2~3 similar sentences for your writing. Use the Sentence Builder to help you	学生借助可视化思维图示再次梳理阅读语篇文本，并通过教师引导对阅读语篇文本进行概括。 引导学生对起连接作用的句子或段落进行归纳整理，并鼓励其尝试性地写出几个句子，为后面的写作做好铺垫	18mins
Step Ⅳ. Post-reading	Activity 5： 1. Try to retell the passage according to the outline after analyzing the passage in detail. 2. Looking back at the passage again, besides the outline, what else should we pay attention to? Learn about the importance of title, tense, and person.	促进学生对文章整体知识的记忆和文章脉络的巩固复习。 通过对标题、时态和人称等关键知识点的学习，为下一步阅读写作做好铺垫	10mins

教学步骤 Teaching Steps	教学活动 Teaching Activities	设计意图 Designing Purposes	时间 Time
Step Ⅳ. Post–reading	Activity 6: Writing: Describe one party that you have ever been to. 1. Outlining Complete the outline of the event description based on Activity 3. 2. Drafting Use the outline and the Writing Help to write the first draft. 3. Editing Edit the description in pairs. Then share what have been written in class	学生在充分阅读的基础上，进行有效的语言输出，提高创造性思维能力和语言知识综合运用能力	10mins
Step Ⅴ. Modify	Activity 7: Correct your passage by yourself first and modify the writing with the following: 1. Can you add any adjectives to make the passage more interesting? 2. Has your description contained any linking words? 3. Any punctuation and spelling mistakes? Then share some of the passages. Appreciate them in the whole class and correct the mistakes if necessary.	鼓励学生自我完善写作初稿，鼓励小组互评完成修改意见，一方面培养学生的互助意识，另一方面培养学生的综合思维能力，提高其语用水平	10mins
Homework	Write a composition with the title "What a surprise!"		
The Design of the Blackboard	Unit 3 Celebrations Writing Workshop: An Event Describing Outline Introduction: when, why, where, who The beginning: what preparations and food The development: what happened during the party The conclusion: what feelings...		

The Design of the Blackboard	Linking words：first，then，after that，while，in the end... More tips：title，tense，person，and useful expression
Teaching Reflection	在本课教学过程中教师首次引入思维可视化理论，学生基本能够在教师的指导下进行阅读语篇的学习，并能根据可视化思维图示复述阅读语篇文本内容，从而为语言输出部分的写作打下扎实的基础。虽然在写作环节出现了课堂时间不够的情况，但是学生的整体表现和反应还是值得肯定的。这证明思维可视化起到了一定的辅助作用，但学生的词汇积累还需要进一步增加，基本修辞手法的运用还需要进一步训练

必修二模块

Unit 4　Lesson 1 Avatars

课题 Topic	Unit 4 Information Technology Lesson 1 Avatars	课型 Subject	Reading	课时 Period	1
主题语境	人与社会	语篇类型		议论文	
文本分析 Analysis of the Text	本节课的主要内容是了解与现代信息技术相关的内容，讨论网络上的虚拟形象。通过本课的学习，学生能够了解现代信息技术的相关术语表达、含义，并培养阅读科技类文章的能力。该阅读语篇文本的主题意义在于通过探讨虚拟形象的发展与功能，让学生认识到虚拟形象与人物性格及创造力的关系，并引导学生正确使用虚拟形象，提升网络社交的安全意识				
教学目标 Teaching Goals	By the end of this period，students will be able to:				
	Language competence	1. grasp and learn to use some words and phrases related to avatars such as avatar，image，digital identities，personalities，Internet users，instant message and so on; 2. have a good knowledge of Past Future Tense			
	Cultural awareness	1. learn some topics on the relationships between avatars and people's characters and creativity; 2. cultivate their awareness of security on the Internet			

教学目标 Teaching Goals	Thinking quality	1. draw Mind Map to show the structure of the whole passage; 2. think about how to deal with avatars and the relationships with the persons online
	Learning ability	1. learn the development and functions of avatars; 2. grasp the skills of skimming and scanning; 3. learn how to analyse the structure of an article; 4. read for specific information and understand words in the context; 5. learn to describe the advantages and disadvantages of avatars
教学重点 Teaching Focuses	1. Learn and grasp how to analyse the structure of an article; 2. Learn and form the abilities of skimming and scanning	
教学难点 Teaching Difficulties	1. Learn how to describe the advantages and disadvantages of avatars; 2. Get to know the relationships between avatars and people's characters and creativity	

Teaching Aids	Multimedia, the blackboard	Teaching Methods	1. Activity-based Teaching Approach 2. Communicative Language Teaching Approach

教学过程设计 Design of Teaching Process

教学步骤 Teaching Steps	教学活动 Teaching Activities	设计意图 Designing Purposes	时间 Time
Step I. Warming up	Be presented with some new words as well as their corresponding pictures which can lead to better understanding and memorizing the given words	Lead to the topic and activate knowledge	2mins
Step II. Pre-reading	Predict what aspects of avatars the following passage will mention. Write down the questions in the diagram. And then underline the answers in the text when reading the article	Train students' skills of predicting and diverging thinking and get the students prepared for the reading	7mins
Step III. While-reading	Activity 1: Read the article again, and divide it into four parts.	Skim the passages to get the general idea.	24mins

续 表

教学步骤 Teaching Steps	教学活动 Teaching Activities	设计意图 Designing Purposes	时间 Time
Step Ⅲ. While–reading	Activity 2： Find out meanings of each part and then fill in the chart. Activity 3： Do pair work to find detailed information in the article to answer questions about avatars. 1. What is an avatar? 2. How have avatars developed over decades? 3. How do people use avatars? 4. What are people's views on the use of avatars?	Train the students' skills of getting specific information by scanning	24mins
Step Ⅳ. Post–reading	Activity 4： Think and share： 1. What does the writer mean by "the avatar you choose says a lot about your personality"？Do you agree with the writer? Give examples to support your opinion. 2. Can you give examples of the risks of using avatars? What can you do to prevent such risks?	Train the students' ability of using language in their real life and help them to realize the importance of online avatars. Activate the students' ability of deep thinking by raising critical questions	10mins
Step Ⅴ. Appreciation	Activity 5： Make a conclusion about the article by appreciating some quotes	Develop the students' ability of understanding the whole passage	2mins
Homework	Compulsory task： Finish the exercises in the workbook. Alternative task： Please write a short passage about your attitude towards online avatars, what convenience and risks may it bring，and how to prevent these risks. Pay attention to the structure and language of your writing		

续 表

The Design of the Blackboard	Unit 4 Information Technology Lesson1 Avatars definition history purposes views
Teaching Reflection	本节阅读课不同课堂任务活动中的思维可视化图示设计有效辅助了阅读教学目标的达成，让学生获得了高效直观的课堂体验，在任务活动中感受到了高效课堂的魅力，提升了教师的教学效率，使课堂更加灵活生动。后期可进一步完善思维可视化图示结构，让思维可视化更紧密地与高中英语阅读教学有机结合

Unit 4　Lesson 3 Internet and Friendship

课题 Topic	Unit 4 Information and Technology Lesson 3 Internet and Friendships	课型 Subject	Reading	课时 Period	1
主题语境	人与社会		语篇类型		议论文
文本分析 Analysis of the Text	作者在网络信息发展的时代背景下，针对网络是否会对友谊产生影响的问题，借用Robert和Cathy的博客内容分别阐述了不同的观点。通过本节课的学习，可以让学生了解虚拟网络与真实友谊之间的关系，正确认识虚拟世界与真实世界的关系，认识到科技对人际关系的双重影响，并引导学生养成关注科技与社会的关系的意识，培养学生的辩证思维				
教学目标 Teaching Goals	By the end of this period, students will be able to:				
	Language competence	1. Have a better understanding of some new words and phrases related to Internet; 2. Find out some compound words in the passage and can employ all these words in specific context			
	Cultural awareness	1. Learn some topics on the advantages and disadvantages of Internet; 2. Learn something about the online friendship and tell the differences between the virtual world and real life			

教学目标 Teaching Goals	Thinking quality	Think carefully about the online friendship and tell the advantages and disadvantages of Internet
	Learning ability	1. Learn the writer's views on Internet and friendship and the text structure of argumentation; 2. Grasp the skills of skimming and scanning; 3. Learn and grasp how to find out argument and supporting details as well as the methods used to support arguments; 4. Learn and grasp derivative words and compound words
教学重点 Teaching Focuses	1. Learn and grasp how to find out argument and supporting details as well as the methods used to support arguments; 2. Describe the advantages and disadvantages of online friendship	
教学难点 Teaching Difficulties	1. Learn and train the students to form the abilities of skimming and scanning; 2. Learn how to to describe the advantages and disadvantages of online friendship	
Teaching Aids	Multimedia, the blackboard	Teaching Methods	1. Activity–based Teaching Approach 2. Communicative Language Teaching Approach

教学过程设计 Design of Teaching Process

教学步骤 Teaching Steps	教学活动 Teaching Activities	设计意图 Designing Purposes	时间 Time
Step Ⅰ. Warming up	1. Brainstorming. Discuss with the partners about some aspects that the Internet helps or harms friendships. 2. Information Collection. Collect the answers to the question "What do you usually do with your friends on the Internet?" and then write them down in the diagram	Activate the students' background knowledge. Learn the vocabulary of the text and lead to the topic	8mins
Step Ⅱ. Pre–reading	Read the titles and predict what the two blog posts are probably about	Predict the content of the passages through titles	3mins

教学步骤 Teaching Steps	教学活动 Teaching Activities	设计意图 Designing Purposes	时间 Time
Step Ⅲ. While–reading	Activity 1： Skim the passages and find out the style of the blogs. Activity 2： Find out supporting details of arguments of Robert and Cathy. Then complete the information of the diagram，after which think about what methods writers use to support their arguments in these two blog passages	Skim the passages to get a basic impression of the passages Train the students' skills of getting specific information by scanning . Find out the methods used to support arguments in argumentative writing	18mins
Step Ⅳ. Post–reading	Activity 3： Work in groups of four and stipulates their positions to think about "Are there any other advantages or disadvantages of online friendships?" and fill in the diagram	Help the students to think individually and express themselves objectively. Recalling and summarizing ideas can help the students to clear their minds	8mins
Step Ⅴ. Critical thinking	Activity 4： Think and share： 1. Look at the sentence from paragraph 2 in the first blog post，"it is these skills that enable us to develop lifelong friendships." What does "these" refer to? Do you agree with the statement? Why or why not? 2. In the second blog post，what does Eileen Kennedy-Moore mean when she says that online friends "fill holes real–life friends can't"？Give your reasons	Develop the students' ability of critical thinking and get a better understanding of the whole passage	8mins

教学步骤 Teaching Steps	教学活动 Teaching Activities	设计意图 Designing Purposes	时间 Time
Step Ⅴ. Critical thinking	Activity 5: Have a Debate: Does the Internet help or harm friendship? Express your opinion by using examples or personal experiences		8mins
Homework	Compulsory task: Finish the exercises in the workbook. Alternative task: Please write a short passage about your attitudes towards online friendship		
The Design of the Blackboard	Unit 4 Information Technology Lesson 3 Internet and Friendships Do you think the Internet helps or harms friendships? Positive aspects　　　　　　　Negative aspects Cathy　　　　　　　　　　　Robert Topic sentence: Supporting details:		
Teaching Reflection	1. 充分利用多媒体手段和思维可视化工具帮助学生整体把握本节课所授内容，为其进一步学习奠定基础，并通过一系列的任务引导使学生充分理解课文结构与细节信息。 2. 本课内容贴近生活实际，学生比较感兴趣，在课堂上有话可说，但是词汇量和句型表达还需加强		

Unit 5　Lesson 1 A Sea Story

课题 Topic	Unit 5 Humans and Nature Lesson1 A Sea Story	课型 Subject	Reading	课时 Period	1
主题语境	人与自然		语篇类型		记叙文

文本分析 Analysis of the Text	This article shares with us a story happening between human beings and the sea. The writer wants the readers to learn about the relationships between human beings and the sea, and also about the everything, good or bad, that nature brings to human beings. In this way, he wants to guide the students to properly deal with the relationships between human beings and nature as well as measures we can take to protect the sea				
教学目标 Teaching Goals	By the end of this period, students will be able to:				
	Language competence	1. Grasp the usages about some new words and phrases such as whirlpool, survive, risk doing sth., horrible and so on; 2. Learn how to use time adverbs and relative adverbs in Restrictive Attributive Clauses			
	Cultural awareness	1. Learn some topics on the relationships between human and the sea, human and nature; 2. Cultivate their awareness of protecting the earth			
	Thinking quality	1. Draw Mind Map to show the story's elements; 2. Think deeply about how to deal with the relationship between human beings and nature			
	Learning ability	1. Learn the basic structure and elements of a sea story; 2. Read for general understanding; 3. Read for specific information and understand words in the context; 4. Learn to write a short story			
教学重点 Teaching Focuses	1. Learn and grasp how to analyse the structure of a short story; 2. Learn and train the students to form the ability of getting information quickly				
教学难点 Teaching Difficulties	1. Learn how to write a short story; 2. Get to know the relationships between human and the sea, human and nature				

Teaching Aids	Multimedia, the blackboard	Teaching Methods	1. Activity-based Teaching Approach 2. Communicative Language Teaching Approach
教学过程设计 Design of Teaching Process			
教学步骤 Teaching Steps	教学活动 Teaching Activities	设计意图 Designing Purposes	时间 Time
Step Ⅰ. Warming up	1. Brainstorm freely anything the students can recall about the sea. 2. Answer the question "Do you know any sea disasters in history?" And then through a video, learn about the danger of the sea, and expect more about sea stories	采用以音乐为背景，循序引导的方式引入本单元话题，拓宽学生的思维，激发学生的学习热情和参与课堂的积极性。 进行头脑风暴式的讨论，教师利用视频 *Indonesia tsunami in 2004* 让学生了解海洋的危险性，引导学生更好地进入课题	5mins
Step Ⅱ. Pre-reading	Read the Fact File on the textbook to know some background information	有助于学生对故事内容的预测，进而帮助学生更好地理解文章，进入泛读和精读环节	3mins
Step Ⅲ. While-reading	Activity 1： Read the story quickly. Find out the basic plot and words of important time in order to grasp the structure of the short story. Then complete the graphs on the learning sheet. Activity 2： Read the story carefully and find out its elements according to the chart. Try to illustrate how the storyteller survived the whirlpool and the changing process of his feelings by some graphs, charts or tables	通过泛读，能够让学生对文章每个部分有初步了解，整体把握故事结构，帮助学生理解文章表层含义，提高阅读技能。 有助于学生深层次把握文章细节内容，培养学生建立上下文关联的能力，并且通过小组合作的方式提高学生的团队合作和交流能力	20mins

教学步骤 Teaching Steps	教学活动 Teaching Activities	设计意图 Designing Purposes	时间 Time
Step Ⅳ. Post−reading	Activity 3： Discuss the following questions one by one. 1. Why did the storyteller survive while his elder brother didn't? 2. What's your impression of the main characters and the sea? 3. What lessons have you learnt from the story? Give your reasons	充分发挥学生的主观能动性，调动学生的创造性思维，开发学生的潜能，使学生主动参与深层次阅读，以检测学生对文章内容的掌握情况	15mins
Step Ⅴ. Appreciation	Activity 4： Conclude the short story by appreciating several poems on the relations between human and nature	升华故事主题，让学生更好地理解人与大自然的关系	2mins
Homework	Compulsory task： Prepare a story about something scary or unusual you experienced or you know and use at least three relative clause patterns in the story . Next class，share it with the whole class. Alternative task： Try to find more stories about human and nature and tell it to your partners		
The Design of the Blackboard	Unit 5 Humans and Nature Lesson 1 A Sea Story Original story　the fisherman　VS　the sea　VS　his brothers Author Main characters Plot		
Teaching Reflection	1.充分利用多媒体手段和思维可视化工具帮助学生整体把握本节课所授内容，为其进一步学习奠定基础。通过一系列任务引导，使学生充分理解课文结构与细节信息。 2.本课内容较多，有些基础薄弱的学生难以在有限时间内消化教学难点		

Unit 5　Lesson 3 Race to the Pole

课题 Topic	Unit 5 Humans and Nature Lesson 3 Race to the Pole	课型 Subject	Reading	课时 Period	1
主题语境	人与自然		语篇类型		记叙文
文本分析 Analysis of the Text	The writer shares with us a story that Scott's team and Amundsen's team set out to the Pole at the same time and what they came across during their trip. It describes how the two teams dealt with the trouble they had in travelling. After learning this passage，the students are expected to learn the relationships between humans and the Pole as well as how to overcome difficulty with a positive and proper attitude				
教学目标 Teaching Goals	By the end of this period，students will be able to：				
	Language competence	have a better understanding of some new words and phrases such as sledge，ambition，hopeless，continent，disaster，have difficulty（in）doing sth.，be similar to，spirit，bravery，etc			
	Cultural awareness	1. Learn to understand the exploration about the Pole in terms of different cultural background; 2. Learn to treat the challenges of exploring the Pole			
	Thinking quality	1. Learn some difficulty in the exploration about the Pole; 2. Think carefully about how to live in harmony with nature			
	Learning ability	1. Find out the main idea and the structure of the whole passage by reading some key words; 2. Tell the true meanings and implied feelings of some sentences in the passage			
教学重点 Teaching Focuses	Read and talk about the difficulties that explorers face and the preparations				
教学难点 Teaching Difficulties	1. Read for deep understanding; 2. Learn to read for the implied meanings of sentences				
Teaching Aids	Multimedia， the blackboard	Teaching Methods	1. Activity-based Teaching Approach 2. Communicative Language Teaching Approach		

教学过程设计 Design of Teaching Process			
教学步骤 Teaching Steps	教学活动 Teaching Activities	设计意图 Designing Purposes	时间 Time
Step Ⅰ. Warming up	1. Brainstorming Appreciate some pictures and guess what they are and which continent people can visit to enjoy such beautiful scenery. 2. Information collection Do a quiz about how to get to Antarctica	激发学生的学习热情和参与课堂的积极性，提前预测文章有关内容 利用a quiz让学生了解有关去南极洲的常识，引导学生更好地进入课题	5mins
Step Ⅱ. Pre-reading	Answer the question "How do you understand the title?"	有助于学生对故事内容的预测，进而帮助学生更好地理解文章，进入泛读和精读环节	2mins
Step Ⅲ. While-reading	Activity 1： Read the text quickly. Divide the passage into several parts and figure out their main ideas. Activity 2： Read the text more carefully. Analyse the underlined sentences（4 quotes）from Scott's diary and letter and work out their implied meanings and feelings. Then complete the given graph. Activity 3： Summarize other feelings on Scott's team's journey back according to the related sentences the students find. Then show them to the whole class by a chart freely and clearly	有助于学生深层次把握文章细节内容，培养学生建立上下文关联的能力。通过小组合作的方式，提高学生的团队合作和交流能力	30mins

教学步骤 Teaching Steps	教学活动 Teaching Activities	设计意图 Designing Purposes	时间 Time
Step Ⅳ. Post-reading	Activity 4: Work in groups of four and discuss about the following questions one by one. 1. Would you say that Scott and his team were losers? Why or why not? 2. If you were Scott and you could make this exploration again, what changes would you want to make?	充分发挥学生的主观能动性,调动学生的创造性思维,开发学生的潜能,使学生主动参与深层次阅读,以检测学生对文章内容的掌握情况	8mins
Homework	1. Search online for the main events in China's Antarctica exploration; 2. Why do people try to explore the toughest part of the Earth?		
The Design of the Blackboard	Unit 5 Humans and Nature Lesson 3 Race to the Pole Amundsen's team VS Scott's team exploration spirit		
Teaching Reflection	1. 充分利用多媒体手段和思维可视化工具帮助学生整体把握本节课所授内容,为其进一步学习奠定基础。通过一系列任务引导,使学生充分理解课文结构与细节信息。 2. 本课内容较多,有些基础薄弱的学生难以在有限时间内消化教学难点		

必修三模块

Unit 7　Lesson 1 Masterpieces

课题 Topic	Unit 7 Art Lesson 1 Masterpieces	课型 Subject	Reading	课时 Period	1
主题语境	人与自我		语篇类型		说明文
文本分析 Analysis of the Text	本单元的主题语境是"人与自我"中的艺术修养，旨在通过多元文本的学习培养学生的艺术情操。该阅读语篇文本是第七单元第一课，向我们描述了三幅艺术风格完全不同的著名画作及其作者的创作灵感、背景和想要通过画作表达的内心想法。学生可以将自己的欣赏感受与作者传达的情感进行对比，从而学习如何欣赏一幅画作。此外，学生还可以将三幅图画放在一起进行比较，找出相同点和不同点，加深对阅读语篇文本的理解				
教学目标 Teaching Goals	By the end of this period，students will be able to：				
	Language competence	1. Have a better understanding of the words related to paintings； 2. Read for general understanding； 3. Learn how to introduce other paintings			
	Cultural awareness	1. Appreciate different styles of paintings； 2. Have more artistic touch and a better understanding of Art			
	Thinking quality	1. Show the structure and the detailed information of the passage，using Mind Map； 2. Develop the analytical capability and creativity			
	Learning ability	1. Read for specific information and understand new words and phrases in the context； 2. Figure out the features of the whole passage； 3. Tell the difference of the three paintings			
教学重点 Teaching Focuses	1. Find out some specific information； 2. Organize and analyse the information based on Thinking Visualization； 3. Help the students to appreciate different styles of paintings				
教学难点 Teaching Difficulties	1. Learn how to introduce other paintings； 2. Know how to analyze the structure of the whole passage				

续 表

Teaching Aids	Multimedia, the blackboard	Teaching Methods	1. Activity–based Teaching Approach 2. Communicative Language Teaching Approach
教学过程设计 Design of Teaching Process			
教学步骤 Teaching Steps	教学活动 Teaching Activities	设计意图 Designing Purposes	时间 Time
Step Ⅰ. Warming up	Enjoy the three famous paintings in this text and tell what can be learned about these paintings and then finish Exercise 1	Activate previous knowledge about these paintings	3mins
Step Ⅱ. Pre–reading	1. Scan the passage and find out each painting's author. 2. Read the passage quickly to get the main idea of the text	Acquire basic information about the text and all these three paintings Integrate and sort information to form structural knowledge	5mins
Step Ⅲ. While–reading	Activity 1： Read the first short passage carefully and fill in the chart of Activity 3 on your learning sheet. Activity 2： Work in groups of four to design your own chart about the next two short passages based on Activity 3	After completing the chart, try to help the students to learn how to design the Mind Map by Activity 3	20mins
Step Ⅳ. Post–reading	Activity 3： Appreciate more famous paintings and try to describe them in groups	Internalize and apply what have been learned	15mins
Step Ⅴ. Evaluation	Activity 4： Answer the listed questions to evaluate your learning	Reflect how well the students have learned	2mins
Homework	1. Finish off your own charts; 2. Write your own description down		

续 表

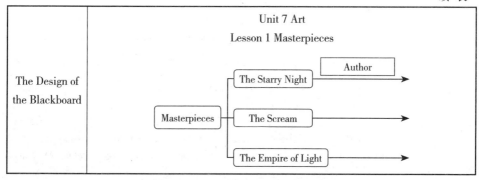

The Design of the Blackboard	Unit 7 Art Lesson 1 Masterpieces

Unit 7 Lesson 3 A Musical Genius

课题 Topic	Unit 7Art Lesson3 A Musical Genius	课型 Subject	Reading	课时 Period	1
主题语境	人与自我		语篇类型	记叙文	
文本分析 Analysis of the Text	该阅读语篇文本介绍了音乐天才贝多芬和他的作品《D小调第九交响曲》的创作过程和表演场景。其主题意义是让学生通过了解这位音乐天才在创作过程中如何克服双耳失聪的困难，以超出寻常的毅力，坚持不懈地创作出伟大的音乐作品《D小调第九交响曲》，认识到他对音乐的毕生投入和执着追求，并联想到自身，思考如何在人生道路上不畏艰难，实现人生理想				
教学目标 Teaching Goals	By the end of this period, students will be able to:				
	Language competence	1. Grasp the usages of some new words and phrases; 2. Tick out some basic information such as the introduction of Beethoven, composing of Symphony No. 9 in D Miner and performance of Symphony No. 9 in D Miner and so on			
	Cultural awareness	1. Make comments on contributions Beethoven made to music; 2. Express freely what they should pursue in their life			
	Thinking quality	1. Draw Mind Map to show the structure and the detailed information of the passage; 2. Organize the information of the passage based on the analysis of Graphic Organizers			
	Learning ability	1. Read for specific information and understand words in the context; 2. Figure out the writing features of the passage; 3. Tell the changes in Beethoven's feelings in the process of performance			

教学重点 Teaching Focuses	1. Find out some detailed information; 2. Organize and analyse the information based on Graphic Organizers; 3. Make comments on contributions Beethoven made to music			
教学难点 Teaching Difficulties	Express freely what students should pursue in their life based on the understanding of contributions Beethoven made to music			
Teaching Aids	Multimedia, the blackboard	Teaching Methods	1. Activity–based Teaching Approach 2. Communicative Language Teaching Approach	

教学过程设计 Design of Teaching Process

教学步骤 Teaching Steps	教学活动 Teaching Activities	设计意图 Designing Purposes	时间 Time
Step Ⅰ. Warming up	1. Think about the question the teacher presents and then share the opinions in class. 2. Appreciate a photo of Beethoven presented by the teacher and finish the quiz in Exercise 1 in the book	Activate prior knowledge about "A musical genius" and Beethoven	5mins
Step Ⅱ. Pre–reading	Scan the text quickly and check the answers in the quiz to know about Beethoven	Acquire basic information about Beethoven and Symphony No. 9 in D minor	3mins
Step Ⅲ. While–reading	Activity 1： Read Para. 2 ~ 5 to find out some detailed information to fill in the Mind Map presented by the teacher. Activity 2： Draw your own Mind Maps based on the one presented by the teacher and then share and compare the Mind Maps with partners to learn from others. Activity 3： Work in pairs to answer the questions. 1. What is the type of the text? 2. What writing techniques the writer uses to describe Beethoven's different feelings?	Integrate and sort information to form structural knowledge. Analyse, summarize and then compare Beethoven's different feelings in different periods. Summarize the structure and the writing feature of the text	20mins

教学步骤 Teaching Steps	教学活动 Teaching Activities	设计意图 Designing Purposes	时间 Time
Step Ⅳ. Post-reading	Activity 4: Work in groups of four to play different roles to introduce Beethoven and his work according to the Mind Map. Activity 5: Work in groups to think about and answer the questions in Exercise 6. Activity 6: Answer the questions and share your own opinions on Beethoven's story in class. 1. How to be a genius composer? 2. What characteristics should a genius have in your opinion?	Internalize and apply what have been learned. Judge Beethoven's pursuit of music and contributions to music. Think of the meaning of life pursuit	15mins
Step Ⅴ. Evaluation	Activity 7: Answer the listed questions to evaluate students' learning	Reflect how well they've learned	2mins
Homework	1. Finish off your own Mind Map; 2. Retell the whole passage with the help of your Mind Map		
The Design of the Blackboard	Unit 7 Art Lesson 3 A Musical Genius General information of Beethoven: Composing of Symphony No. 9 in D minor: Performance of Symphony No. 9 in D minor:		
Teaching Reflection	本节课围绕贝多芬进行了简单的介绍，细节内容较多。学生在阅读过程中寻找细节信息的时间比较长，所以完成所给思维可视化图示的速度较慢，且留给自己创作、绘制思维可视化图示的时间较为紧张。因此，在下一次教学实施过程中，需要进行任务细化，改由小组学习文章各章节部分内容，化整为零，再通过学生的分享和交流，最终提高阅读课堂的教学效率		

Unit 8　Lesson 1 Roots and Shoots

课题 Topic	Unit 8 Green Living Lesson1 Roots and Shoots	课型 Subject	Reading	课时 Period	1
主题语境	人与自然		语篇类型		说明文
文本分析 Analysis of the Text	本节课以人们日常生活中常见的不良行为习惯作为切入点，说明以自我为中心的观念其实会造成巨大的浪费，并对环境造成危害。针对这种现象，拥有较高声誉的动物学专家Dr. Jane Goodall创立了环保型组织"Roots and Shoots"。语篇还就该组织成立的时间、背景以及意义等做了具体的说明，旨在让读者通过该阅读语篇文本的学习，了解到每个人看似微不足道的改变能创造更加美好的世界				
教学目标 Teaching Goals	By the end of this period，students will be able to：				
	Language competence	1. Grasp and learn to use some words and phrases in the context; 2. Retell why the organization is called "Roots and Shoots"; 3. Talk about how to make contributions to building a better world individually			
	Cultural awareness	1. Raise the awareness of protecting our earth; 2. Take active measures to live in harmony with nature; 3. Realize the influence of action every one of us takes is profound			
	Thinking quality	1. Draw Mind Map to show the structure of the whole passage; 2. Understand the meaning of the organization's name "Roots and Shoots"； 3. Think deeply about what we can do to make contributions to a better world			
	Learning ability	1. Grasp the skills of skimming and scanning; 2. Learn how to analyse the structure of an article; 3. Tick out specific information to complete the task; 4. Cultivate their awareness of communication and creation			
教学重点 Teaching Focuses	1. Understand the importance of protecting the environment; 2. Draw Mind Map to show the structure of the whole passage; 3. Learn and train the students to form the abilities of skimming and scanning				

教学难点 Teaching Difficulties	1. Retell the detailed information about the organization "Roots and Shoots"; 2. Realize the influence of action every one of us takes is profound		
Teaching Aids	Multimedia, the blackboard	Teaching Methods	1. Activity-based Teaching Approach 2. Communicative Language Teaching Approach

教学过程设计 Design of Teaching Process			
教学步骤 Teaching Steps	教学活动 Teaching Activities	设计意图 Designing Purposes	时间 Time
Step Ⅰ. Warming up	Watch a short video about Public Service Advertising and think about whether you have done any of the things in the video	通过视频导入激发学生的学习兴趣，提高学生的学习热情，让学生的注意力快速集中到英语阅读课堂上来	2mins
Step Ⅱ. Pre-reading	Scan the passage to find out the name to the behavior mentioned just now in the short video	由视频中提及的不够环保的个人错误行为导入本课即将探讨的话题	2mins
Step Ⅲ. While-reading	Activity 1: Read the passage as quickly as possible to decide how to divide the whole passage into three parts "why" "what" "how" according to the Graphic Organizers designed by the teacher. 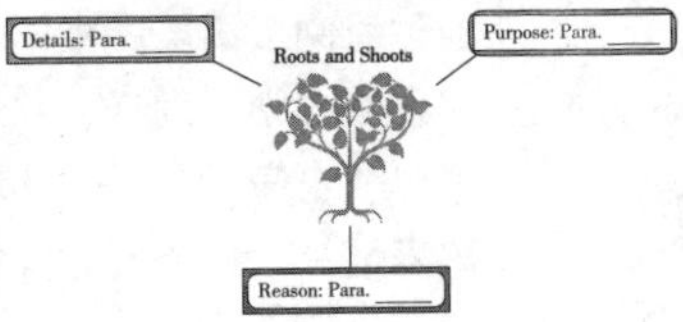 Details: Para.　　Purpose: Para. Roots and Shoots Reason: Para. Activity 2: Read the first part of the passage, that is, the first paragraph of the passage to figure out some information about "Just-me-ism" such as what is "Just-me-ism", why there is "Just-me-ism" and how we can deal with it.	让学生借助快速阅读，根据教师呈现的思维可视化图示显示的框架图，从整体上把握阅读语篇文本的结构脉络。 通过信息筛选，学生进一步明确"Just-me-ism"的表现形式，为什么会出现这种现象，以及应该如何应对这种现象，逐渐树立"小能量，大作为"的意识	25mins

续 表

教学步骤 Teaching Steps	教学活动 Teaching Activities	设计意图 Designing Purposes	时间 Time
Step Ⅲ. While-reading	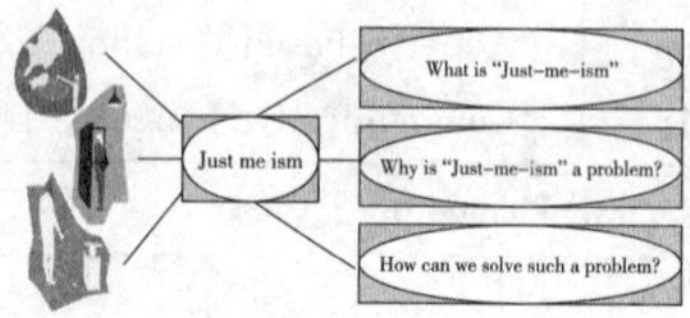 Activity 3: Read the second part of the passage, that is, the second and the third paragraphs to find more detailed information about the organization "Roots and Shoots", such as its founding time, its founder, its founding purpose and its name's meanings. 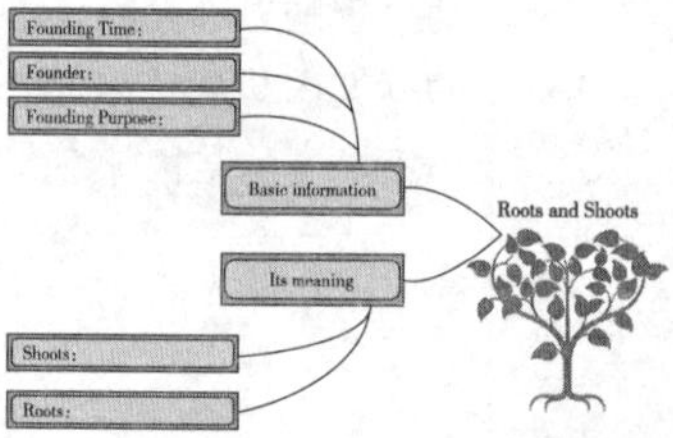 Activity 4: Read the rest part of the passage to pick out how we can do to make the world a better place	借助思维可视化图示的部分内容提示，培养学生提取信息和处理信息的能力，增进其对"Roots and Shoots"组织的了解，意识到"小能量，大作用"的必要性，牢固树立"从我做起，保护环境"的意识。 通过对阅读语篇文本内容的学习，引导学生发现、归纳总结可以从自身做起保护环境的具体事情——每个人的努力	25mins
Step Ⅳ. Post-reading	Activity 5: Think and share: 1. What other things can we do to make a better world? 2. What techniques does the writer use to make his/her view logical and convincing? Find at least one example for each technique	提高学生"从我做起，保护环境"意识的同时，培养学生的发散性思维品质，并有意识地训练学生信息提取和归纳总结的能力	12mins

教学步骤 Teaching Steps	教学活动 Teaching Activities	设计意图 Designing Purposes	时间 Time
Step Ⅴ. Summary	Activity 6: Use the Graphic Organizers finished in the class to retell and share some general information about the organization "Roots and Shoots", including the reason for its founding, the meanings of it and the action it calls on us to take, etc	整理归纳已经提取出来的文本信息，并能根据思维可视化图示组合进行复述，从而完成语言从输入到输出的过程	4mins
Homework	Compulsory task: Finish the exercises in the textbook. Alternative task: Please design a slogan to promote the organization "Roots and Shoots"		
The Design of the Blackboard	Unit 8 Green Living Lesson1 Roots and Shoots 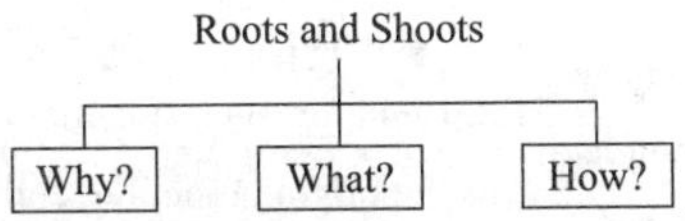 Roots and Shoots Why?　What?　How?		
Teaching Reflection	本节阅读课充分运用思维可视化理念进行任务活动设计，且为了有效利用有限课堂时间完成既定的阅读任务，教师提前设计了思维可视化图示，学生在完成任务活动的过程中体验到高中英语阅读的乐趣，提高了阅读学习的效率，教学目标完成较好。但可以在课后阅读任务活动的设计上挖掘更深层次的任务，以进一步提高学生的思维能力		

Unit 8　Lesson 3 "White bikes" on the Road

课题 Topic	Unit8 Green Living Lesson 3 "White bikes" on the road	课型 Subject	Reading	课时 Period	1
主题语境	人与自然		语篇类型		说明文
文本分析 Analysis of the Text	该阅读语篇文本以有着"自行车之城"称号的阿姆斯特丹为代表说明其成为骑行的理想之城的原因，并围绕阿姆斯特丹城中"白色自行车"的发展过程进行了简单的说明介绍，旨在通过该阅读语篇文本的学习，让读者了解人们在保护环境的背景下对绿色出行方式的不断探索，同时明白事物的发展过程不是一帆风顺的。当人们在遇到问题和困难的时候，不能气馁或放弃，而应该积极思考，克服一切困难障碍不断前行，从而取得最终的胜利				
教学目标 Teaching Goals	By the end of this period，students will be able to:				
	Language competence	1. Have a better understanding of some new words and phrases in the context; 2. Read for some specific information about "white bikes"，such as the origin of the idea，the characteristics of each stage in its development and its influence，etc			
	Cultural awareness	1. Raise the awareness of green living; 2. Know that when some obstacle is in the way of their development，they should be active enough to solve it; 3. Cultivate their spirit of overcoming any difficulty they come across in their life			
	Thinking quality	1. Draw Mind Map to show the structure and the detailed information of the "white bikes"; 2. Develop their thinking qualities by Graphic Organizers			
	Learning ability	1. Develop their awareness of communication and creation; 2. Draw a conclusion about how "white bikes" in Amsterdam develop; 3. Retell the whole passage and talk about white bikes' future development; 4. Compare bike-sharing schemes in Amsterdam and China			

教学重点 Teaching Focuses	1. Find out some detailed information; 2. Organize and analyse the information based on Graphic Organizers; 3. Raise their awareness of communication and creation			
教学难点 Teaching Difficulties	1. Raise their awareness of green living; 2. Come to realize that when some obstacle is in the way of our development，it's our own attitude and courage that can make a difference			
Teaching Aids	Multimedia, the blackboard	Teaching Methods	1. Activity–based Teaching Approach 2. Communicative Language Teaching Approach	

教学过程设计 Design of Teaching Process

教学步骤 Teaching Steps	教学活动 Teaching Activities	设计意图 Designing Purposes	时间 Time
Step Ⅰ. Warming up	Watch a short video introducing the city "Amsterdam"，in which "white bikes" are also mentioned	视频的动态画面呈现有助于激发学生的学习热情，提升学生的学习兴趣，同时唤醒其相关语言知识储备	2mins
Step Ⅱ. Pre–reading	Scan the whole passage as quickly as you can to pick out the general idea for the passage from the following three choices： A. Amsterdam—the City of Bicycles B. The Return of "White Bikes" C. "White Bikes" on the Road	通过快速浏览阅读语篇文本的全部内容，对该阅读语篇文本有一个整体认知，掌握其主旨大意，并初步完成结构信息的梳理	3mins
Step Ⅲ. While–reading	Activity 1： Read the first paragraph to find out some specific information to answer the question "Why is Amsterdam a good city for cycling?" 	学生借助思维可视化图示的引导，探讨阿姆斯特丹被称为"自行车之城"的原因，为后续课堂活动做好主题铺垫	25mins

续 表

教学步骤 Teaching Steps	教学活动 Teaching Activities	设计意图 Designing Purposes	时间 Time
Step Ⅲ. While-reading	Activity 2： Read the passage from the second paragraph to the fourth paragraph with the help of the Graphic Organizers to find some more detailed information about the development of "white bikes" in Amsterdam. 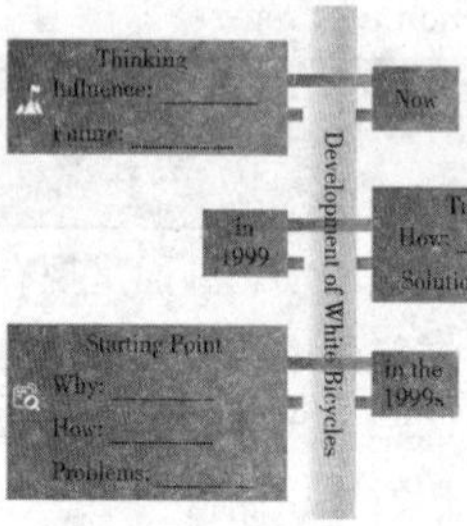 Activity 3： Read the last two paragraphs and find out some specific information about "bike-sharing" programmes in China to make a comparison with "white bikes" in Amsterdam, which enables students to draw a conclusion of where bike-sharing will go in the future 	学生通过思维可视化图示技术的辅助，仔细阅读该部分的阅读语篇文本内容，了解"白色自行车"在阿姆斯特丹发展的过程，理解事物发展过程中可能会遇到各种困难，但我们需要更多的思考和勇气，迎难而上，去克服困难，促进事物的发展 通过对中国共享单车计划的阅读学习，进一步了解共享单车在绿色出行、保护环境方面的独特优势，以及实施共享单车计划带来的系列问题，并有意识地将中国的共享单车计划和阿姆斯特丹的"白色自行车"进行对比，引导学生积极思考，培养学生的批判性思维品质，提升其英语学科核心素养	25mins
Step Ⅳ. Post-reading	Activity 4： Work in groups to think and answer the following questions： What does the writer mean by saying "Where will bike-sharing go in China? You decide."？	进一步培养学生的发散性思维，引导学生通过小组讨论探讨共享单车在中国的发展方向，并逐渐意识到自己在这一过程中的决定性作用，从而担负起相应的社会责任，完成共建美好家园的使命	10mins

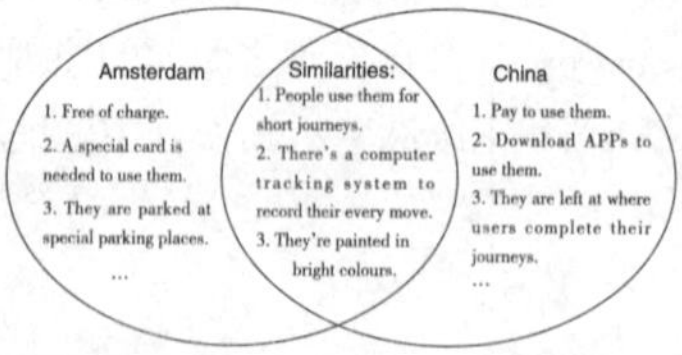

续 表

教学步骤 Teaching Steps	教学活动 Teaching Activities	设计意图 Designing Purposes	时间 Time
Step V. Summary and Share	Activity 5： Work in groups of four to have a look at the chart of the whole passage and then introduce the development of white bikes in Amsterdam to the whole class 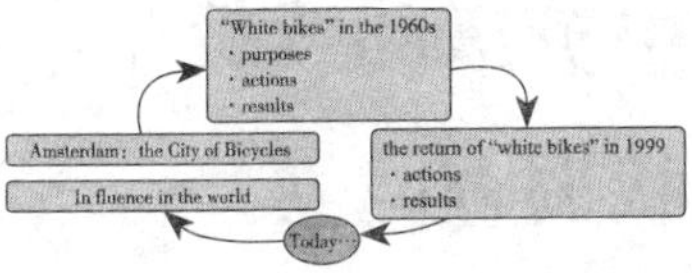 	学生在理解细节信息之后，从整体上再次感知阅读语篇文本内容，将具体信息内化处理之后进行语言输出，提高口头表达能力的同时，培养创新思维能力	5mins
Homework	Compulsory task： Finish off the exercises of this passage. Alternative task： Search for more information about bike-sharing. Write down at least 2 pieces of advice on "how to help bike-sharing go smoothly in your city"		
The Design of the Blackboard	Unit 8 Green living Lesson 3 "White bikes" on the Road 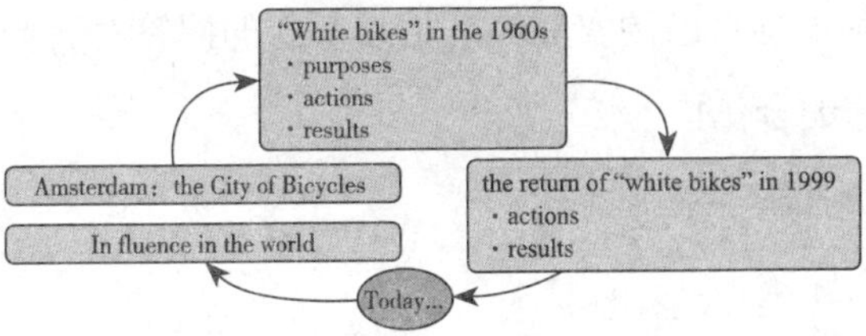 		
Teaching Reflection	本节课围绕绿色出行之一的共享单车进行了简单的介绍说明。从阿姆斯特丹"自行车之城"的由来，到其"白色自行车"的发展，以及中国共享单车的发展现状三个方面探讨了共享单车的优势和发展过程中遇到的困难。学生在理解学习过程中基本能准确把握教师的任务指令，高效完成教师布置的课堂阅读教学任务活动。同时，有思维可视化图示技术的辅助，各个学习层次的学生基本都能参与到课堂阅读学习活动中来，充分调动了每一个学生学习的积极性，让每一个学生都能收获英语阅读带来的快乐，提升学习自信心。		

附 录

思维可视化在高中英语阅读教学中的
应用现状调查问卷

尊敬的英语老师：

您好！本问卷旨在了解高中英语教师在阅读文本教学方面和思维可视化认知方面的现状，并据此数据分析结果探讨和提出高中英语阅读教学的有效建议，以促进高中英语阅读教学。这份问卷为不记名问卷，不会泄露您的任何信息，且问卷中每个问题都没有正确与错误之分，所有结果仅为教育研究所用，请各位老师根据自己的实际情况填写。您的回答对我们即将开展的工作非常重要，感谢您的合作！

一、个人基本情况

1. 您的年龄：

A. 30岁以下　　　　　　　　　　B. 30（含）～39岁

C. 40（含）～49岁　　　　　　　D. 50岁（含）以上

2. 您的教龄：

A. 5年及以内　　　　　　　　　　B. 6～10年

C. 11～15年　　　　　　　　　　D. 15年以上

3. 您目前的学历：

A. 本科　　　　　　　　　　　　　B. 硕士

C. 博士   D. 本科以下

4. 您现在任教的年级：

A. 高一   B. 高二

C. 高三

二、请根据您的实际情况在对应的方框内打"√"

题目	完全不符合	基本不符合	不太符合	基本符合	完全符合
阅读教学现状					
1. 认为阅读教学是为了培养学生独立思考、综合分析和创造性思维的能力					
2. 能关注并挖掘教材中每篇阅读文本的主题意义					
3. 能根据新课标的语篇要求进行教学设计					
4. 会根据文本的文化内涵进行教学设计					
5. 教学设计中会考虑文章作者的写作思路					
6. 教学设计中注重培养学生的归纳和概括能力					
7. 能使学生陈述阅读文本的结构或思路					
8. 教学中做到以问题为导向，培养学生的逻辑思维和思辨能力					
9. 引导学生判断每个段落的相关性、一致性和连贯性，分析段落之间是如何关联而最终成为一个整体的					
10. 创设多种学习活动，做到动静结合					
思维可视化认知现状					
11. 曾经运用思维导图进行阅读教学活动					
12. 曾经运用鱼骨图进行阅读教学活动					
13. 思维导图就是思维可视化					
14. 对思维可视化理念很了解					
15. 只知道思维导图，但不清楚其他图示形式					

续 表

题目	完全不符合	基本不符合	不太符合	基本符合	完全符合
对思维可视化的态度					
16.思维导图可以方便学生了解文章脉络并理清思路					
17.图示形式有助于培养学生的逻辑思维能力					
18. 如果有机会，愿意学习并运用有关思维可视化的理论和方法					

思维可视化在高中英语阅读学习中的应用现状调查问卷

亲爱的同学：

您好！本问卷旨在了解高中学生在英语阅读学习方面和思维可视化认知方面的现状，并据此数据分析结果探讨和提出高中英语阅读教学的有效建议，以促进高中英语阅读教学。这份问卷为不记名问卷，不会泄露您的任何信息，且问卷中每个问题都没有正确与错误之分，所有结果仅为教育研究所用，请各位同学根据自己的实际情况填写。您的回答对我们即将开展的工作非常重要，感谢您的合作！

一、个人基本情况

1.您的年级

A.高一　　　　　　　　　　B.高二

2.您的性别

A.男　　　　　　　　　　　B.女

二、请根据您的实际情况在对应的方框内打"√"

题目	完全不符合	基本不符合	不太符合	基本符合	完全符合
阅读课程学习现状					
1. 能找到阅读文章的主题词和关键句					
2. 能对阅读文章进行归纳和概括					
3. 能知道阅读文章的文本结构（如记叙文中以"时间"为发展顺序的结构等）和文本特征（如记叙文中的倒叙等）					
4. 能理解文章作者的写作思路					
5. 能体会文章作者的情感态度					
6. 能对作者写作意图发表观点					
7. 阅读课上学会了一些阅读方法和阅读策略					
8. 阅读课上感受到了中外文化，受到了道德教育					
9. 阅读课上能做到辩证多角度思考并发表个人观点					
思维可视化认知现状					
10. 思维导图就是思维可视化					
11. 基本了解思维导图绘制原理和方法					
12. 在英语阅读课中曾经绘制过思维导图					
13. 阅读文章后能熟练运用图示形式呈现文章脉络					
14. 除了思维导图，还了解其他图示绘制原理和方法，如流程图、鱼骨图等					
对思维可视化的态度					
15. 绘制图示的形式有利于对阅读文本脉络的整体理解					
16. 能更便利地从绘制思维导图中感受到作者的写作思路和写作意图					
17. 如果有机会，愿意在英语老师的指导下运用有关思维可视化的理论和方法进行英语阅读学习					

2020年高考英语全国卷Ⅱ阅读理解D篇

I have a special place in my heart for libraries. I have for as long as I can remember. I was always an enthusiastic reader, sometimes reading up to three books a day as a child. Stories were like air to me and while other kids played ball or went to parties, I lived out adventures through the books I checked out from the library.

My first job was working at the Ukiah Library when I was 16 years old. It was a dream job and I did everything from shelving books to reading to the children for story time.

As I grew older and became a mother, the library took on a new place and <u>an added meaning</u> in my life. I had several children and books were our main source（来源） of entertainment. It was a big deal for us to load up and go to the local library, where my kids could pick out books to read or books they wanted me to read to them.

I always read, using different voices, as though I were acting out the stories with my voice and they loved it! It was a special time to bond with my children and it filled them with the wonderment of books.

Now, I see my children taking their children to the library and I love that the excitement of going to the library lives on from generation to generation.

As a novelist, I've found a new relationship with libraries. I encourage readers to go to their local library when they can't afford to purchase a book. I see libraries as a safe haven（避风港） for readers and writers, a bridge that helps put together a reader with a book. Libraries, in their own way, help fight book piracy（盗版行为） and I think all writers should support libraries in a significant way when they can. Encourage readers to use the library. Share library announcements on your social media. Frequent them and talk about them when you can.

1. Which word best describes the author's relationship with books as a child?

A. Cooperative.   B. Uneasy.

C. Inseparable.   D. Casual.

2. What does the underlined phrase "an added meaning" in paragraph 3 refer to?

A. Pleasure from working in the library.

B. Joy of reading passed on in the family.

C. Wonderment from acting out the stories.

D. A closer bond developed with the readers.

3. What does the author call on other writers to do?

A. Sponsor book fairs.

B. Write for social media.

C. Support libraries.

D. Purchase her novels.

4.Which can be a suitable title for the text?

A. Reading：A Source of Knowledge

B. My Idea about Writing

C. Library：A Haven for the Young

D. My love of the Library

2017年高考英语全国卷Ⅰ阅读理解D篇

A build-it-yourself solar still（蒸馏器） is one of the best ways to obtain drinking water in areas where the liquid is not readily available. Developed by two doctors in the U.S.Department of Agriculture，it's an excellent water collector.

Unfortunately, you must carry the necessary equipment with you, since it's all but impossible to find natural substitutes. The only components required, though, are a 5' × 5' sheet of clear or slightly milky plastic, six feet of plastic tube, and a container—perhaps just a drinking cup—to catch the water. These pieces can be folded into a neat little pack and fastened on your belt.

To construct a working still, use a sharp stick or rock to dig a hole four feet across and three feet deep. Try to make the hole in a damp area to increase the water catcher's productivity. Place your cup in the deepest part of the hole. Then lay the tube in place so that one end rests all the way in the cup and the rest of the line runs up—and out—the side of the hole.

Next, cover the hole with the plastic sheet, securing the edges of the plastic with dirt and weighting the sheet's center down with a rock. The plastic should now form a cone （圆锥体） with 45-degree-angled sides. The low point of the sheet must be centered directly over, and no more than three inches above, the cup.

The solar still works by creating a greenhouse under the plastic. Ground water evaporates（蒸发） and collects on the sheet until small drops of water form, run down the material, and fall off into the cup. When the container is full, you can suck the refreshment out through the tube, and won't have to break down the still every time you need a drink.

1. What do we know about the solar still equipment from the first paragraph?

A. It's delicate.   B. It's expensive.

C. It's complex.   D. It's portable.

2. What does the underlined phrase "the water catcher" in paragraph 2 refer to?

A. The tube.   B. The still.

C. The hole.   D. The cup.

3. What is the last step of constructing a working solar still?

A. Dig a hole of a certain size.

B. Put the cup in place.

C. Weight the sheet's center down.

D. Cover the hole with the plastic sheet.

4.When a solar still works, drops of water come into the cup from _____.

A. the plastic tube

B. outside the hole

C. the open air

D. beneath the sheet